AQA French

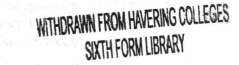

Exclusively endorsed by AQA

AS

WITHDRAWN FROM HAVERING COLLEGES
SIXTH FORM LIBRARY

Elaine Armstrong
Lol Briggs
Steve Harrison

Series editor
Julie Green

Nelson Thornes

Text © Elaine Armstrong, Lol Briggs and Steve Harrison 2008
Original illustrations © Nelson Thornes Ltd 2008

The right of Elaine Armstrong, Lol Briggs and Steve Harrison to be identified
as authors of this work has been asserted by them in accordance with the
Copyright, Designs and Patents Act 1988.

All rights reserved. No part of this publication may be reproduced or transmitted
in any form or by any means, electronic or mechanical, including photocopy,
recording or any information storage and retrieval system, without permission
in writing from the publisher or under licence from the Copyright Licensing
Agency Limited, of Saffron House, 6-10 Kirby Street, London EC1N 8TS.

Any person who commits any unauthorised act in relation to this publication
may be liable to criminal prosecution and civil claims for damages.

Published in 2008 by:
Nelson Thornes Ltd
Delta Place
27 Bath Road
CHELTENHAM
GL53 7TH
United Kingdom

08 09 10 11 12 / 10 9 8 7 6 5 4 3 2

A catalogue record for this book is available from the British Library

978-0-7487-9807-0

Illustrations by: Yane Christensen (c/o Sylvie Poggio Artists Agency),
Mark Draisey, Mark Duffin, Andy Peters, Eric Smith, Graham Smith
(c/o The Bright Agency)

Page make-up by eMC Design, www.emcdesign.org.uk

Printed in Croatia by Zrinski

Contents

Introduction

Nelson Thornes and AQA

Nelson Thornes has worked in collaboration with AQA to ensure that this book offers you the best support for your AS or A level course and helps you to prepare for your exams. The partnership means that you can be confident that the range of learning, teaching and assessment practice materials has been checked by AQA examiners before formal approval, and is closely matched to the requirements of your specification.

Blended learning

Printed and electronic resources are blended: this means that links between topics and activities in the book and the electronic resources help you to work in the way that best suits you, and enable extra support to be provided online. For example, you can test yourself online and feedback from the test will direct you back to the relevant parts of the book.

Electronic resources are published in a simple-to-use online platform called *Nelson Thornes Learning Space*. If your school or college has a licence to use the service, you will be given a password through which you can access the materials through any internet connection.

Icons in this book indicate where there is material online related to that topic. The following icons are used:

💡 Learning activity

These resources include a variety of interactive and non-interactive activities to support your learning.

✅ Progress tracking

These resources include a variety of tests that you can use to check your knowledge on particular topics (Test Yourself) and a range of resources that enable you to analyse and understand examination questions (On Your Marks…).

🔧 Study skills

This icon indicates a linked worksheet (*Feuille*), available online to print out, with activities to develop a skill that is key for language learning, such as tackling reading passages or arguing a case.

🎧 Audio stimulus

This indicates that audio material for listening activities can be found online.

🎙 Audio record

This indicates one of two types of tool that help you develop your speaking skills – either a free-speech recording tool that you can use with speaking activities, or an audio roleplay tool that enables you to interact with pre-recorded native speakers.

📹 Video stimulus

This indicates that audio-visual material can be found online to support listening and other activities.

When you see an icon, go to *Nelson Thornes Learning Space* at www.nelsonthornes.com/aqagce, enter your access details and select your course. The materials are arranged in the same order as the topics in the book, so you can easily find the resources you need.

How to use this book

This book covers the specification for your course and is arranged in a sequence approved by AQA. The twelve chapters are arranged in the same sequence as the topics and sub-topics in the AQA specification, so there is always a clear link between the book and the specification. At the beginning of each chapter you will find a list of learning objectives that contain targets linked to the requirements of the specification.

The features in this book include:

Le saviez-vous?

An anecdotal insight into facts/figures relating to each sub-topic.

Pour commencer

An introductory feature designed as an accessible starter activity for each chapter.

Grammaire

Summary grammar explanations and examples, linked to online worksheets.

(NB. A full grammar section can be found at the back of the book.)

Compétences

On most spreads, a Skills heading directs you to online worksheets that help build key language learning strategies.

Vocabulaire

The most challenging new items of vocabulary from the reading texts on each spread are translated in these boxes.

Expressions clés

Key words and phrases designed to give you prompts for productive tasks.

Résumé

A summary quiz that tests key language learnt in each chapter (also available as a multiple choice version online).

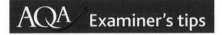 Examiner's tips

Hints from AQA examiners to help you with your study and to prepare for your exam.

Web links in the book

Because Nelson Thornes is not responsible for third party content online, there may be some changes to this material that are beyond our control. In order for us to ensure that the links referred to in the book are as up-to-date and stable as possible, the web sites provided are usually homepages with supporting instructions on how to reach the relevant pages if necessary.

Please let us know at webadmin@nelsonthornes.com if you find a link that doesn't work and we will do our best to correct this at reprint, or to list an alternative site.

A message to students

Congratulations on choosing to study a language to AS level – you have made a decision that will give you many opportunities in the future.

Good foreign language skills are in short supply and can be used in many different jobs. Translating, interpreting and the travel industry obviously require linguists, but so too do many other areas of employment – financial services, marketing, engineering, logistics and journalism to name just a few. Or maybe you will use your language skills and understanding of French culture to make your holidays more enriching and enjoyable. Either way, there are many benefits of learning one or more languages to an advanced level.

The new AQA specification in modern languages has been designed to provide a coherent and stimulating course of study, whether as an end in itself or as a stepping stone towards further study at university. The topics have been carefully chosen to enable clear progression from GCSE and to address your needs and interests as A Level students.

In the examination you will be tested in the four essential skills of listening, reading, speaking and writing, including open-ended tasks that require you to express and justify opinions. You will also be tested on your understanding and application of French grammar and structures. Although cultural knowledge is no longer separately assessed at AS level, languages are spoken by real people in a real context and the stimulus materials are therefore rooted in French culture.

This course with its innovative online component has been compiled by experienced teachers and examiners to help you to prepare for the examination with confidence and make the most of your abilities.

The book is clearly laid out to match the topics and sub-topics in the AQA specification. Each sub-topic is presented through a range of texts, recordings and visual material, with new vocabulary introduced and highlighted where appropriate. Essential grammar points are explained clearly and 'skills' features direct you to online support that gives guidance on how to use the language like a native speaker. Open-ended speaking and writing tasks enable you to apply the new vocabulary and structures that you have learnt, including some more challenging tasks designed to extend your skills.

The online component provides additional stimulus material and support for activities in the book, as well as a range of interactive exercises and printable worksheets which you can use both independently and in class. The exercises provide plenty of practice of the grammar and structures presented in the book, together with topic-based activities that will help you prepare for the question types used in Units 1 and 2 of the examination. At the end of each sub-topic you will be able to test yourself through a multiple-choice quiz, focusing again on key vocabulary and structures, and at the end of each topic exam-style questions help you to practise answering the types of questions you can expect in the examination.

AQA and Nelson Thornes hope that you will find your language study rewarding and enjoyable, and we wish you success for AS and beyond.

Paul Shannon

AQA Senior Examiner

Les médias

1 La télévision

By the end of this chapter you will be able to:

	Language	Grammar	Skills
A **On regarde la télé**	■ talk about TV viewing habits ■ express personal preferences for different types of programme	■ use the present tense of regular verbs ■ use adjectives with *c'est*	■ tackle longer listening texts
B **Les émissions, le pour et le contre**	■ discuss the range and appeal of TV ■ express opinions on TV in general	■ use the present tense of irregular verbs ■ use adjectives with agreement	■ tackle reading passages
C **La télé: danger ou bienfait?**	■ discuss the benefits and dangers of watching TV	■ use the present tense of modal verbs	■ exchange views and argue a case

Le saviez-vous?

French TV broadcasters carried out their first ever viewers' survey by telephone in 1954. What type of programmes do you think scored highest?

17 JUIN 1954

Plus de 125 000 téléviseurs sont recensés dans l'Hexagone (la France). La RTF (Radiodiffusion et télévision française) organise en juin **le premier service des sondages par téléphone** et découvre que le public préfère les émissions de divertissement ou d'évasion.

Pour commencer

Répondez en anglais:

1 Vous connaissez les termes "astronautes" et "cosmonautes", mais que veut dire "internautes"?

2 "Médiamétrie" est une organisation qui mesure – mais qu'est-ce qu'elle mesure?

3 Les téléspectateurs sont fanatiques de la "zapette". Qu'est-ce que c'est, la zapette?

Choisissez a, b ou c:

4 "Télé-poubelle" est...
a une émission pour les enfants.
b une émission qui est nulle.
c un dessin animé.

5 La télévision française influence le plus ...... de ses téléspectateurs.
a le choix de vêtements
b le mode de vie
c le vote aux élections

A On regarde la télé

1 Combien de temps les Français regardent-ils la télé chaque jour? Lisez le texte, puis recopiez et complétez la grille.

%	
40	Entre 2 heures et 3 heures
......	Entre 3 heures et 4 heures
.....	Plus de 4 heures
....	Moins d'une heure
......	Pas tous les jours

À la zapette

Comme la majorité des Français, les lecteurs de l'Internaute (magazine: voir www.linternaute. com/television) passent en gros entre deux et trois heures par jour devant leur poste (environ quarante pour cent des votants). La moitié de ce pourcentage y* reste entre trois et quatre heures. Seuls quinze pour cent admettent passer plus de quatre heures quotidiennes devant la télé, et la même proportion déclare ne pas la regarder chaque jour.

* y is a pronoun which means 'there' and goes before the verb: see page 111

2 a 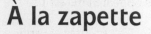 Lisez le texte ci-dessous et faites les activités interactives.

b 💡 Relisez le texte. Lisez les phrases 1–5 et écrivez V (vrai), F (faux) ou N (information non donnée). Corrigez les erreurs dans les phrases fausses. (Feuille)

En bonne majorité, vous avez passé moins de temps cette année devant la télévision que l'année dernière: deux petites minutes de moins, en moyenne, par jour. Vous ne vous êtes pas forcément désintéressés du petit écran, mais vous sélectionnez avec plus d'attention vos programmes et passez peut-être moins de temps à la zapette.

1 La plupart des téléspectateurs français ont moins regardé la télé cette année.
2 Ils s'intéressent moins à la télé.
3 Ils choisissent leurs émissions de télé avec moins d'attention.
4 La plupart ont passé moins de temps à la zapette.
5 Ils vont passer moins de temps devant le petit écran l'année prochaine.

Vocabulaire

plus/moins de *more/less than*
la zapette = la télécommande *remote control*
à la zapette *channel-hopping*
passer *to spend (time)*
en gros *roughly*
environ *about*
la moitié *half*
y reste *stay/sit there*
admettre *to admit, to own up*
quotidien *daily*

forcément *necessarily*
se désintéresser de *to lose interest in*
le petit écran *TV (= the small screen)*

3 🗗 Regardez la vidéo de Thomas et Sara, qui donnent leurs opinions sur la télé. (Voir Compétences/ Feuille)

a Équipe A: notez les remarques positives.
Équipe B: notez les remarques négatives. Qui va gagner?

Exemple: _____

Il y a de bonnes émissions (= 1 point pour équipe A)
La télé ne me dit pas grand-chose (= 1 point pour équipe B)

b 💡🗗 Regardez encore une fois et faites l'activité interactive.

c 💡🗗 Lisez le texte et faites l'activité (Feuille). Écoutez et vérifiez.

d 🖎 À trois. Jouez les rôles de Martin, Sara et Thomas et enregistrez l'interview.

4 💡🖎 Écrivez le texte d'une interview sur la télé et enregistrez ou filmez-le. (Feuille)

Exemple: _____

Interviewer: Alors, la télé: qu'en pensez-vous?

A: D'abord, je trouve que… J'aime bien aussi… C'est très marrant et…

B: Au contraire, c'est… À mon avis, les… sont débiles.

A: Tu trouves? Pas moi. Franchement,…

🖢 **Compétences**

Tackling longer listening passages

Les émissions de télé

les dessins animés, les divertissements, les documentaires, les feuilletons, les jeux télévisés, les journaux, les talk-shows, les téléfilms, la télé-réalité, les émissions musicales / sportives, les pubs/publicités, les séries, les infos/informations, la météo

---

Expressions clés

À mon avis / Pour moi / Quant à moi Je trouve que…

C'est amusant / créateur / marrant / passionnant / débile / ennuyeux / nul*

Il y a de bonnes / mauvaises émissions.

Ça me fait plaisir de voir (un match de rugby).

Je m'intéresse aux (documentaires).

(La télé) ne me dit pas grand-chose.

(Les jeux télévisés), j'ai horreur de ça.

Il ne manque pas de (séries américaines idiotes).

*NB The simplest way to use adjectives, especially in speech, is after C'est…, as there's no problem with agreement or position.

💡 **Grammaire**

The present tense of regular verbs

Most verbs have a regular present tense and belong in one of three main groups (or conjugations). In each group you find the **stem** of the verb by removing the <u>two-letter ending</u>:

-**er** verbs: **trouv**<u>er</u>
-**ir** verbs: **chois**<u>ir</u>
-**re** verbs: **répond**<u>re</u>

Can you remember the present tense endings?

Example:
-**er** verbs: -**e**, -**es**, -**e**, -**ons**, -**ez**, -**ent**

See page 112 to check the other two groups.

Les émissions, le pour et le contre

les feuilletons	les jeux télévisés
les talk-shows	la télé-réalité

affreux/se(s)	amusant(e)(s)
débile(s)	ennuyeux/se(s)
idiot(e)(s)	intéressant(e)(s)
marrant(e)(s)	nul(le)(s)

1 a Choisissez et notez un adjectif pour chaque émission (à gauche).

Exemple: _____

les feuilletons – débiles; la télé-réalité – intéressante...

_____

b À deux, comparez vos opinions.

Exemple: _____

A: Les feuilletons?

B: Débiles; je trouve que les feuilletons sont débiles. Et toi?

A: Marrants; à mon avis, les feuilletons sont marrants. Et les jeux?

_____

Compétences

Tackling reading passages

2 💡 Lisez le texte et répondez aux questions. (Feuille)

La télé mobile

L'âge d'or de l'audiovisuel est arrivé: la télé est non seulement interactive mais aussi mobile. « Je regarde la télé où je veux, quand je veux, » dit Stéphane. Grâce à la télé sur son portable, il peut regarder les infos, les clips et les résultats de matchs de foot à toute heure, dans le train, en attendant le bus, au restaurant, au centre-ville, partout.

« À la maison, on peut enregistrer ou télécharger des films récents, des concerts et des clips, ainsi que les meilleurs feuilletons et émissions de télé-réalité, ou on peut les regarder en direct. On n'a pas besoin de regarder les jeux télévisés nuls et les talk-shows débiles: l'offre télé par satellite, sur Internet et sur le portable est extraordinaire. »

1 Pourquoi dit-on que c'est l'âge d'or de la télé?

2 Stéphane doit regarder la télé sur son portable à une heure fixe et dans un endroit fixe?

3 Il la regarde où, par exemple?

4 Comment est-ce qu'il utilise l'internet et les chaînes satellite chez lui?

5 Que pense-t-il du choix d'émissions de télé aujourd'hui?

Vocabulaire

l'âge d'or *golden age*

non seulement... mais aussi... *not only... but also...*

grâce à *thanks to*

à toute heure *at any time*

télécharger *to download*

ainsi que *as well as*

en direct *live*

l'offre télé *what's offered on TV*

3 a 💡🎧 Cinq copains discutent de la télé-réalité: écoutez et faites l'activité interactive.

Stéphanie   *Élodie*   *Philippe*   *Mélissa*   *Martin*

3 b 🎧 Écoutez encore une fois et répondez aux questions. Qui…?

1 … refuse de se laisser manipuler par la télé-réalité?

2 … trouve la télé-réalité ennuyeuse?

3 … fait mention d'autres émissions de télé à part la télé-réalité?

4 … en a assez de la "télé-poubelle"?

5 … n'est ni pour ni contre la télé-réalité?

6 … a horreur des célébrités qui n'ont rien d'intéressant à dire?

c 💡🎧 Écoutez encore une fois et faites la deuxième activité interactive.

4 Lisez les deux textes, OUI et NON. Recopiez-les et remplacez les mots soulignés par vos propres choix. Utilisez les expressions clés.

À votre avis, c'est l'âge d'or de la télé?

OUI
everywhere

Normalement, je regarde la télé un peu partout: dans ma chambre, chez mes copains et sur mon portable. Je trouve qu'on a un très grand choix d'émissions. J'aime bien regarder Eurosport, M6 Music Hits et les chaînes de films. Je n'aime pas tellement la télé-réalité et les documentaires mais je suis fana des feuilletons. L'âge d'or de la télé? Je ne sais pas, c'est possible.

NON

C'est vrai que l'offre télé est extraordinaire. On peut accéder à toutes sortes d'émissions de télé de partout dans le monde, grâce aux satellites et à l'internet. Mais en ce moment la plupart des émissions sont nulles: les magazines, les jeux télévisés, les séries, les feuilletons, les films, même les infos et certains documentaires. Voilà pourquoi je ne regarde pas la télé sur mon portable. L'âge d'or de la télé? Absolument pas!

5 a 💡 Discutez des pour et des contre de la télé-réalité et d'autres types d'émissions. (Présentation)

Exemple: _____

A: Pour ma part, je suis pour la télé-réalité, parce que c'est la réalité.

B: Moi aussi, je trouve que les célébrités – ou les anonymes – ont beaucoup de choses à dire.

A: Franchement, je préfère regarder la télé-réalité que des jeux télévisés idiots!

C: Tu trouves? Pour moi, la télé-réalité, c'est de la télé-poubelle.

D: Je suis d'accord, c'est de la manipulation. J'en ai horreur!

b Écrivez vos opinions sur un ou plusieurs types d'émission de télé.

💡 **Grammaire**

The present tense of irregular verbs

Unlike regular verbs, irregular verbs do not follow simple patterns to form their present tense. It is important to learn the present tense of the most useful irregular verbs. See page 112 for some of these verbs.

Expressions clés

On a un très grand choix (d'émissions).

L'offre télé est extraordinaire / limitée / nulle.

À mon avis, c'est de la télé-poubelle.

Franchement, je suis (tout à fait) pour / contre / en faveur de (la télé-réalité). *absolutely*

L'âge d'or de la télé? Absolument (pas)! C'est (im)possible.

C'est réel / commenté et orienté / honnête et ouvert / simpliste / ennuyeux / débile.

En plus / Au contraire, c'est de la télé-poubelle / de la manipulation / l'irréalité / comme la vie.

Ça m'endort / m'est égal.

Je trouve que la télé-réalité est complètement débile.

C La télé: danger ou bienfait?

Vocabulaire

apprécier *to appreciate, to like*

le mode de vie *lifestyle*

une chaîne *(TV) channel*

quant à *as for*

le mode de pensée *way of thinking, philosophy*

oser *to dare*

Grammaire

Modal verbs, present tense

Modal verbs **devoir** *(to have to)*, **pouvoir** *(to be able to)*, **savoir** *(to know how to)* and **vouloir** *(to want to)* have a lot in common besides their infinitive ending -**oir**.

They are all often followed by another verb in the infinitive:
On doit <u>accepter</u>...
We have <u>to accept</u>...
Tu peux <u>regarder</u>...
You can (are able <u>to</u>) <u>watch</u>...
Les gens veulent <u>participer</u>...
People want <u>to join in</u>...

See page 113 for the full present tense forms.

1 Lisez le texte sur l'influence de la télé. Reliez le début et la fin des phrases.

Beaucoup de Français apprécient la télé, qui influence énormément leur mode de vie, avec ses émissions sportives et musicales et ses chaînes de télé-achat. Quant au choix de vêtements des téléspectateurs, on peut dire que là aussi la télé a une grande influence, grâce aux maga-zines et même aux talk-shows. Quant au mode de pensée, ne regardons pas plus loin que les émissions éducatives, les documentaires, les informations et, bien sûr, les émissions de télé-réalité.

Mais qui ose poser la question: est-ce là une bonne ou une mauvaise influence?

1 En France on est	a des magazines et des talk-shows.
2 Beaucoup de Français aiment les	b leur mode de pensée, la télé les influence aussi.
3 Les téléspectateurs sont en faveur	c positifs ou négatifs?
4 Quant à	d beaucoup influencé par la télé.
5 Ce sont là des aspects	e émissions sur le sport, la musique et les achats.

2 a 💡🎧 Écoutez l'opinion d'Amélie et faites les activités interactives.

b Trouvez les bonnes parties des verbes modaux pour compléter le texte d'Amélie.

Je suis plutôt pour la télé. Pourquoi? C'est bien simple. Je p... tout voir en direct, j'adore ça! On p... facilement s'informer par la télé aussi, si on v... Grâce à la télé interactive, je p... participer en même temps si je v... C'est super!

En plus, la télé n'est pas uniquement pour les jeunes. On ne d... pas oublier les gens fragiles: les vieux, les handicapés, les malades p... s'informer, s'amuser et s'instruire par la télé. Vive la télé!

3 💡 Lisez le point de vue de Marcus (page 15) et complétez les phrases. (Feuille)

1 On dit que la télé est nulle sauf pour...
2 Elle a aussi ses aspects...
3 Grâce à la télé interactive, il est possible de...
4 Il y a souvent des émissions diffusées...
5 On peut faire des achats par Internet et...
6 On peut s'instruire grâce aux...
7 La télé propose aussi des informations...
8 La mondialisation assure beaucoup d'...
9 On peut regarder la télé où on...

Marcus

Blog-TV

D'accord, on dit que la télé, à part les clips et la pub, c'est nul, c'est orienté et tout, mais on ne doit pas en oublier les côtés positifs quand même: c'est interactif, on peut participer sans délai et sans arrêter le déroulement de l'émission.

C'est "live", beaucoup de programmes sont diffusés en direct. C'est pratique, si on n'a pas Internet on peut toujours faire ses achats par la télé. C'est éducatif, avec tous les docus et les programmes sur la science, les arts et la culture. C'est localisé, on peut facilement s'informer sur sa région, et c'est mondialisé avec toutes ces émissions étrangères. Et c'est moderne – je regarde la télé où je veux et quand je veux, grâce à l'internet et à mon portable.

Qu'est-ce que vous en* pensez?

* en (about it, of it) is a pronoun and goes before the verb: see page 111

Vocabulaire

à part *except for*

le côté positif *positive side*

sans arrêter le déroulement
    without interrupting running time

diffusé en direct *broadcast live*

mondialisé *global(ised)*

étranger *foreign*

4 À deux. Choisissez un adjectif à tour de rôle et discutez des bienfaits de la télévision.

| interactif | éducatif | 'live' | pratique |
| localisé | mondialisé | moderne | |

Exemple: _____

A: C'est interactif?

B: Oui, on peut participer sans délai. À toi: c'est pratique?

A: Oui, on peut...

_____

Compétences

Exchanging views and arguing a case

5 💡 Échangez vos opinions sur les dangers et les bienfaits de la télévision. (Feuille)

Exemple: _____

A: Pour ma part, je trouve que c'est télé-bienfait. À mon avis, il y a de bonnes émissions de télé. Les dessins animés, les documentaires, les feuilletons, je trouve que tout est créateur, amusant et intéressant.

B: Tu trouves? Moi, non. Au contraire, la télé-réalité est nulle et pas du tout marrante.

C: Tu n'apprécies rien à la télé?

B: Si, j'aime bien les feuilletons, mais il me semble qu'on passe plus de temps devant le petit écran qu'au travail ou à l'école. Pour moi, c'est télé-danger.

_____

6 Écrivez un article de magazine intitulé: « La télé: danger ou bienfait? »

Expressions clés

La télé a une grande influence.

On peut tout voir en direct.

On peut participer sans délai.

On peut facilement s'informer par la télé.

C'est éducatif / interactif / orienté.

C'est pratique: si on n'a pas Internet on peut faire ses achats à la télé.

C'est localisé: on peut s'informer sur sa région.

C'est mondialisé: on a accès aussi aux films et séries étrangers.

C'est moderne: on peut regarder la télé où on veut et quand on veut, grâce à l'internet et à son portable.

Now you should be able to:

- ■ talk about TV viewing habits
- ■ express personal preferences for different types of programme
- ■ discuss the range and appeal of TV
- ■ express opinions on TV in general
- ■ discuss the benefits and dangers of watching TV

Grammar

- ■ use the present tense of regular verbs
- ■ use adjectives with *c'est*
- ■ use the present tense of irregular verbs
- ■ use adjectives with agreement
- ■ use the present tense of modal verbs

Skills

- ■ tackle longer listening texts
- ■ tackle reading passages
- ■ exchange views and argue a case

💡 Résumé

1 Traduisez en français:

The French spend between two and three hours a day in front of the TV.

2 Exprimez votre opinion sur une émission de télé de votre choix.

3 Complétez les phrases avec la bonne forme des verbes au présent:

Je ...... (**refuser**) de regarder la télé-réalité. Pour moi c'...... (**être**) de la télé-poubelle. Les célébrités n'...... (**avoir**) rien d'intéressant à dire.

4 Écrivez une phrase qui veut dire la même chose: « Cela n'a rien à voir avec la réalité, c'est inadmissible! »

5 Complétez les phrases avec la bonne forme des adjectifs:

Je trouve que les talkshows sont ...... (**nul**), les émissions sportives sont ...... (**ennuyeux**) et les séries sont ...... (**idiot**). Par contre, les dessins animés sont ...... (**amusant**).

6 « On peut la regarder où on veut, quand on veut. » C'est quoi?

7 Mettez les mots dans le bon ordre pour faire une longue phrase sur l'appréciation de la télé:

et   musicales   influence   ses   télé-achat.
de   chaînes   Beaucoup   télé   Français   qui
ses   sportives   émissions   et   de   apprécient
vie   mode   la   leur   énormément   avec   de

8 Complétez les phrases avec la bonne forme des verbes modaux au présent:

Je ...... (**pouvoir**) tout voir en direct et on ...... (**pouvoir**) s'informer si on ...... (**vouloir**). En plus, les gens malades ...... (**pouvoir**) s'amuser et s'instruire par la télé.

9 Écrivez une phrase qui décrit quelqu'un qui apprécie la télévision.

10 Complétez la phrase:
« La télé, c'est interactif... »

AQA Examiner's tips

Listening

Listen to the passage all the way through, then go back and pause the recording to answer each question.

Speaking

Make the best possible use of your **preparation time**. Study your two cards **briefly** and choose the one you will have most to talk about.

Reading

Revise vocabulary for your topics thoroughly before the exam.

Writing

Prepare **topic-specific vocabulary cards** (including genders of nouns) to help with revision.

Les médias

2 La publicité

By the end of this chapter you will be able to:

	Language	Grammar	Skills
A **À quoi sert la pub?**	■ discuss the purposes of advertising	■ use infinitive constructions: *pour, afin de*, verb + *à/de* + infinitive	■ make and counter controversial statements
B **Les techniques de la publicité**	■ discuss advertising techniques	■ use imperatives	■ analyse and give reasons
C **Les avantages et les inconvénients de la publicité**	■ discuss the benefits and drawbacks of advertising and curbs on advertising	■ use regular and irregular adjectives ■ use comparative adjectives	

■ Le saviez-vous?

Le Syndicat National de la Publicité Télévisée joue un rôle important dans la publicité audiovisuelle en France et partout dans le monde

Le SNPTV a quatre missions directrices:

- ■ la **promotion** de la publicité TV
- ■ l'**étude** de la publicité TV
- ■ la **veille*** des développements de la publicité TV
- ■ la **représentation** de ses membres

Visitez le site et regardez des spots publicitaires sur: www.snptv.org/actualites/vusalatele.php

*monitoring

■ Pour commencer

1 Comment dit-on "un spot publicitaire" en anglais?

2 À votre avis, les Français sont-ils pour ou contre la publicité?

3 Nommez au moins une publicité française ou anglaise:
a marrante
b macho
c sexiste
d âgiste

4 Mettez ces techniques de la publicité dans l'ordre de vos préférences:
a l'information/les détails
b l'humour
c la musique
d les animations
e les trucs de caméra

5 Trouvez-vous la publicité:
a informative?
b influente?
c inutile?
d immorale?

À quoi sert la pub?

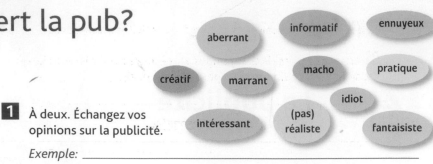

les voitures

les vacances et les voyages

la nourriture et les boissons

les produits ménagers

les produits de beauté

les services publics

1 À deux. Échangez vos opinions sur la publicité.

Exemple: _____

A: J'adore la pub(licité) Guinness. Elle est marrante et créative.

B: Moi aussi, et j'aime bien les spots publicitaires sur les voitures. C'est fantaisiste.

A: Tu trouves? Pas moi. C'est trop macho. Je n'aime pas la pub pour les services publics non plus. C'est ennuyeux.

B: Au contraire, c'est intéressant et pratique.

_____

2 a Lisez le texte sur les buts de la publicité et répondez aux questions en anglais.

> Les Français s'opposent de plus en plus à la publicité – 43% se disent contre, tandis que 37% se déclarent en faveur.
>
> C'est peut-être dommage, puisque le premier but de la publicité est de répandre un message important parmi le grand public, c'est-à-dire d'informer.
>
> Par exemple, grâce à la publicité on nous a tenus au courant des progrès et donc des dangers du SIDA – le message se répand plus vite que la maladie même. En plus, où en serait-on sans les annonces au sujet des attentats terroristes?
>
> D'ailleurs, en ce qui concerne la publicité commerciale, les grandes entreprises nous font croire avec leurs grandes marques que la publicité garantit le choix et la possibilité d'une meilleure vie pour tout le monde. Comment pourtant répondre à ceux qui trouvent que toute la publicité est mensongère ou que c'est de la propagande?
>
> Il semble bien en fin de compte que la plupart des Français reconnaissent comme but principal de la publicité celui de solliciter et d'augmenter la consommation et ainsi les gains des grandes entreprises.

1 Why does the writer think it's a shame that a majority of the French are opposed to advertising?

2 What is the first benefit of advertising mentioned here?

3 Which other global issue does advertising serve to highlight?

4 Name two positive aspects of advertising promoted by the major companies.

5 What negative attitudes amongst the public are they trying to counter?

6 What do most people consider to be the main aim of advertising? (3 details)

b Relisez le texte et faites l'activité interactive.

Vocabulaire

tandis que *whereas*

répandre *to spread, to broadcast*

parmi *among*

tenir au courant *to keep informed*

le SIDA *Aids*

où en serait-on? *where would we be?*

l'attentat terroriste *terrorist attack*

d'ailleurs *moreover, besides*

la grande entreprise *big company*

la grande marque *major brand*

mensonger *lying*

reconnaître *to acknowledge, to recognise*

solliciter *to tempt*

aberrant **informatif** **ennuyeux** **créatif** **marrant** **macho** **pratique** **idiot** **intéressant** **(pas) réaliste** **fantaisiste**

3 a 💡🎧 Écoutez les opinions et faites les activités interactives.

b 🎧 Lisez les textes dans les bulles et réécoutez: qu'est-ce qu'ils ont dit de différent? Corrigez les phrases soulignées.

Exemple: _____

Comme la publicité, en gros, <u>est mensongère</u>...

_____

Alisonne

Comme la publicité, en gros, <u>ne dit pas la vérité</u>, j'attends avant tout de la publicité <u>beaucoup</u> de créativité. En regardant <u>la pub</u>, je ne me sens pas <u>inspirée</u>. Je ne me sens pas manipulée non plus, parce que je n'y crois pas. J'attends <u>surtout</u> de l'humour, des idées originales, comme <u>l'association d'un produit avec de la musique</u>, par exemple, et des points de vue différents. Voilà. Sinon, je refuse de regarder les spots publicitaires, c'est <u>idiot</u>.

<u>Personnellement</u>, j'adore la pub! La pub <u>m'informe</u> de tout: la mode, la musique, les concerts, le cinéma, les portables, les jeux interactifs. <u>C'est-à-dire que</u> j'attends avant tout <u>des détails</u> sur les produits – <u>l'offre</u> et la disponibilité. Je ne crois pas tout ce que je vois, lis ou entends, <u>évidemment</u>, mais il n'est pas difficile de distinguer la pub idiote, pas réaliste et manipulatrice de la pub honnête, informative et pratique.

Mehdi

Emma

<u>Je déteste</u> la pub commerciale, et surtout les spots fantaisistes qui ne sont pas <u>créatifs</u> du tout, comme par exemple la pub pour <u>les produits ménagers</u> ou pour les <u>produits de beauté.</u> C'est <u>affreux</u> tout ça! Mais je trouve qu'on se sert bien de la pub pour protéger les individus, la société et <u>le monde</u>: je suis tout à fait <u>pour</u> la pub sur la santé publique, par exemple l'abus de drogue et d'alcool, et sur l'environnement, comme le recyclage et le réchauffement de la Terre. À part ça, la pub ne me dit rien.

c 💡 Travail de groupe. Qu'est-ce que vous attendez de la publicité? Adaptez les opinions d'Alisonne, Mehdi et Emma. (Feuille)

4 🎧 Écoutez Léo et Yasmine et remettez ces thèmes dans l'ordre de la conversation, puis classez-les sous "positif" ou "négatif".

a manque de créativité

b subventions des services et des médias

c information, offre et choix de produits et services

d éducation publique

e humour et créativité

f interruption d'émissions de télé

g manque d'indépendance des médias et des services publics

5 💡 Écrivez un paragraphe sur la publicité: à quoi elle sert et ce que vous en attendez. (Feuille)

💡 Grammaire

Infinitive constructions

pour / afin de + *infinitive*
Expressions that need to be followed by an infinitive include **pour** and **afin de**, which both mean 'to...' or 'in order to...'.

Je regarde la pub **pour m'informer**...
See page 119 for more on this.

à / de + *infinitive*
Many verbs require **à** or **de** before another verb in the infinitive (see lists, pages 118–9).

Modal verbs and the immediate future (**aller** + infinitive) are followed by an infinitive <u>without</u> **à** or **de** (see page 118).

🔧 Compétences

Making and countering controversial statements

■ Expressions clés

Moi, j'adore la pub.

La pub ne me dit rien.

La publicité en gros est mensongère.

La pub me tient au courant de tout.

J'ai horreur de la pub commerciale.

C'est aberrant, tout ça!

Je ne me sens pas informé(e) / manipulé(e) par la pub.

J'attends de l'humour / des idées originales.

J'attends de l'information sur les produits.

Je ne crois pas tout ce que je vois.

Je suis tout à fait en faveur de la pub sur la santé publique.

Je trouve qu'on se sert bien de la pub pour protéger les individus / la société / la planète.

B Les techniques de la publicité

1 a 🔊🎧 Écoutez les pubs, puis faites l'activité interactive.

b Regardez les produits et les services présentés par les pubs (à gauche). Vous rappelez-vous les noms des marques?

2 a 💡 Lisez le texte et faites l'activité interactive.

Le but de la pub

Le premier but des publicitaires, c'est de pousser la cible (les gens) à acheter leurs produits ou services. Facile à dire mais sans doute difficile à faire. Quelles sont donc les techniques principales de la publicité? Comment risquent-elles de réussir?

Normalement, à cause de la concurrence, il ne suffit pas de donner simplement des détails sur un produit. Seules les grandes marques ont cette possibilité. Pourquoi? Parce qu'elles mettent en avant l'exclusivité de leurs produits. La marque des meilleures baskets ou des vêtements les plus chics au monde suffit par elle-même.

Les autres publicitaires sont obligés de faire appel non pas à la raison mais aux sentiments et de révéler les désirs inconscients du public: le fantasme de la puissance provoqué par les pubs pour les voitures, ou le fantasme sexuel des pubs pour les glaces, le chocolat ou les parfums.

Visant le bonheur et le plaisir, les publicitaires utilisent tous les moyens pour nous faire mémoriser leurs produits: l'humour, les couleurs vives, la musique (surtout les jingles), les animations, les trucs de caméra, et surtout la répétition des slogans.

Les pubs pour les services publics, qui jouent sur les thèmes de la violence, la drogue, le racisme et même la mort, emploient les mêmes techniques.

N'oublions pas qu'on a le choix: on peut s'exposer à la publicité et décider si on veut changer de vie. Par contre, on peut refuser de s'y exposer et accepter sa propre vie. Et vous, vous êtes de quelle persuasion?

Vocabulaire

le publicitaire *advertiser*

pousser qqn à + inf. *to push someone into doing something*

la cible *target*

facile à dire *easy to say*

risquer de + inf. *to have a chance of...*

réussir *to succeed*

la concurrence *competition*

suffire: il ne suffit pas de + inf. *to be enough: It's not enough to...*

la marque *brand*

mettre en avant *to put forward, to emphasise*

faire appel (aux sentiments) *to appeal (to the emotions)*

le désir inconscient *unconscious desire*

le fantasme *fantasy*

la puissance *power*

provoquer *to cause*

viser *to target*

la couleur vive *bright / vivid colour*

la persuasion *belief / conviction*

b Reliez les phrases a–g aux équivalents en anglais 1–7, puis mettez-les dans l'ordre du texte *Le but de la pub*.

La pub risque d'influencer parce qu'elle...

a fait rire.

b profite de sa renommée exclusive.

c fait imaginer qu'on est "sexy".

d utilise bien les couleurs.

e a un slogan inoubliable.

f se sert bien de la musique.

g fait croire qu'on est puissant.

1 *makes good use of colours.*

2 *makes you think you're sexy.*

3 *takes advantage of its exclusive reputation.*

4 *has an unforgettable slogan.*

5 *makes you believe you are powerful.*

6 *uses music effectively.*

7 *makes you laugh.*

2 c À deux. Choisissez un spot publicitaire à la télé que vous connaissez et faites un commentaire à son sujet.

Exemple: _____

A: Le spot "Citroën".

B: Il risque d'influencer parce qu'il fait croire qu'on est puissant.

3 a 💡🎧 Écoutez et lisez les interviews sur la feuille et faites l'activité.

b 🎧 Écoutez l'interview de Lauriane. Notez son opinion et les raisons qu'elle donne.

4 a 📺 Regardez les spots publicitaires. Lisez les opinions à côté des images. Êtes-vous d'accord? Pourquoi (pas)?

Lauriane

La gifle – Vittel

Opinion: J'aime bien l'utilisation de l'humour, de la musique et du flash-back. Le jeu de mots "reVitellisez-vous/ revitalisez-vous" est bien aussi. Je ne sais pas si le produit et le message vont bien ensemble. Pour moi, ce n'est pas tout à fait réussi.

Galderma – Les chaussures

Opinion: J'adore l'humour des pieds qui font peur et la musique à grand suspens. C'est un sujet assez dégoûtant, mais c'est rapide et efficace comme spot, alors c'est réussi, à mon avis.

b ✎ Enregistrez vos propres pubs.

5 💡 Écrivez un blog sur deux pubs: une réussie et l'autre échouée. (Feuille)

Expressions clés

J'apprécie beaucoup / peu les pubs / les spots pour (les céréales).

J'aime / Je n'aime pas…

Je trouve que c'est (mal / très) réussi, surtout…

l'animation / les personnages / les voix / les images / le jeu de mots

les trucs de caméra / la répétition

l'utilisation de la musique / des couleurs vives

C'est / Ce n'est pas réaliste / simpliste / énervant / trop répétitif.

Ça vous aide à mémoriser la pub – mais pas le produit!

La pub n'a rien à voir avec le produit.

Le produit et la pub vont bien ensemble.

Les gens se rappellent les produits quand ils vont aux magasins.

J'en ai marre de ce jingle / cette chanson – je l'ai toujours en tête.

J'apprécie la créativité / l'humour / les techniques.

C'est le produit et pas les techniques de la pub qui m'influence.

💡 Grammaire

Imperatives

Imperatives are verbs used for commands, suggestions, instructions: **Gâtez** vos enfants! *Spoil your children!* **Regardez** ma peau. *Look at my skin.*

Just use the present tense of the verb, without the subject pronoun. With **-er** verbs, where a *tu* form ends in **-es**, take away the final **s**. For details and the few exceptions, see page 117.

-ir verbs
tu choisis ⟶ **Choisis** un produit. *Choose a product.*

-re verbs
tu prends ⟶ **Prends** une photo. *Take a photo.*

-er verbs
tu regardes ⟶ **Regarde** la télé. *Watch TV.*

🎯 Compétences

Analysing and giving reasons

C Les avantages et les inconvénients de la publicité

1 Classez dans l'ordre d'importance les deux listes d'opinions positives et négatives sur la publicité.

À mon avis, la publicité nous propose...

a ... du plaisir et du bonheur.

b ... des grandes marques et de la qualité.

c ... de la créativité et du fantasme.

d ... des informations simples et honnêtes.

e ... le choix d'une meilleure vie.

f ... des médias indépendants et des individus libres.

g ... de l'éducation et la protection de l'individu et de la planète.

Au contraire, elle profite...

a ... de la manipulation et des informations mensongères.

b ... des stéréotypes.

c ... des rêves impossibles à réaliser.

d ... du sexisme et de l'âgisme.

e ... de la surconsommation et de la destruction de l'environnement.

f ... du snobisme et de l'exclusivité des grandes marques.

g ... des médias enchaînés par les grandes entreprises.

Comment trouvez-vous la publicité?

Selon les 2 000 personnes interrogées, la publicité est:

	TOUS	MOINS DE 25 ANS
	%	%
Informative	74	69
Influente	91	92
Amusante	79	81
Immorale	31	28
Insidieuse	64	61
Sexiste	50	50
Utile	66	66
Mensongère	63	67
Nécessaire	62	62
Dangereuse	48	43
Insuffisamment réglementée	49	51

2 Lisez les résultats du sondage à gauche. Recopiez et complétez les phrases 1–6 avec des mots de la boîte ci-dessous.

1 Presque trois quarts des personnes ...... trouvent la publicité ......

2 Les gens âgés de ...... de .... partagent les mêmes opinions que l'ensemble des personnes interrogées, puisque les mêmes pourcentages trouvent la pub ......, ... et ......

3 Les moins de 25 ans sont ...... influencés par la pub que ....

4 Ils la trouvent aussi plus ...... et plus ...... que l'ensemble des personnes interrogées, et sont plus nombreux à la trouver insuffisamment ......

5 Moins d'un tiers des personnes interrogées trouvent la pub ......, mais presque deux tiers la trouvent ......

6 La plupart ne se sentent pas menacés par la pub, car moins de 50% la trouve ......

dangereuse   informative   mensongère   plus   insidieuse
moins   utile   immorale   sexiste   réglementée
nécessaire   amusante   25 ans   interrogées

3 a 💡🎧 Écoutez quelqu'un qui parle des avantages de la pub et faites l'activité interactive.

b 💡🎧 Écoutez quelqu'un qui parle des inconvénients de la pub. Lisez les phrases. Notez les 11 détails changés. (Feuille)

Exemple: _____

1 énormément = <u>beaucoup</u>

_____

1   Je vois <u>énormément</u> d'inconvénients à la publicité.
2   Avant tout, la pub est mensongère et insidieuse.
3   La publicité suggestive profite des rêves impossibles à réaliser et promet une belle vie à tout le monde.
4   Le vrai plaisir ne s'achète pas, même si on a les moyens de payer.
5   Les publicitaires n'ont pas de respect pour la planète.
6   Ils dépendent de la surconsommation, qui détruit l'environnement.
7   D'ailleurs, la publicité n'est pas suffisamment réglementée.
8   Elle est très souvent âgiste et sexiste.
9   L'homme stéréotype viril, musclé et héroïque, adoré de toutes les belles femmes stupides, réduites au rang d'objets sexuels.
10 Ce ne sont pas les grandes entreprises qui paient cher la publicité, c'est nous, la société!
11 Quant aux médias, ils sont enchaînés par les entreprises et les grandes marques – c'est ça, la mondialisation.

4 💡 Faites un mini-débat sur les avantages et les inconvénients de la publicité. (Feuille)

Exemple: _____

A: Je vois beaucoup d'avantages à la publicité: la pub est informative et même éducative.
B: Oui, mais moi, je vois énormément d'inconvénients: je trouve que la pub est mensongère et insidieuse.
C: Quoi?! Et les messages publicitaires pour mettre le public en garde contre la drogue, le tabac, l'alcool, le crime et le comportement antisocial?
D: D'accord, mais les publicitaires n'ont pas de respect pour la planète...

_____

5 💡✎ Écoutez les réponses modèles aux questions sur la publicité, puis enregistrez vos propres réponses.

6 💡 Écrivez un texte sur: « La publicité: voie de communication ou voie sans issue? » Mentionnez des exemples. (Feuille)

💡 **Grammaire**

Adjectives

Reminder: regular adjectives add -**e** to the masculine form to make the feminine form, -**s** for the plural form, and -**es** for the feminine plural form. If the masculine form already ends in **e**, don't add another for the feminine form.

amusant – amusant**e** – amusant**s** – amusant**es**
utile – utile – utile**s** – utile**s**

There are several groups of irregular adjectives which follow their own patterns (see page 108).

Position of adjectives: most adjectives **follow** the noun they describe, but do you know the exceptions? Check on page 108.

Comparative adjectives: add **plus ... que** (*more ... than*) or **moins ... que** (*less ... than*) to adjectives to compare one thing with another (see page 108).

Expressions clés

Je vois beaucoup / peu d'avantages (à la publicité).

Je vois énormément / peu d'inconvénients (à la publicité).

D'abord, / Avant tout, la pub est / n'est pas...

informative / éducative / utile / créative / amusante / suffisamment réglementée

insidieuse / immorale / sexiste / dangereuse

J'apprécie non seulement... mais aussi...

le choix / l'interdiction de la publicité pour le tabac et l'alcool

les informations sur la santé / la sécurité publique / la prévention routière / l'environnement

les informations sur la drogue / le crime / les attentats terroristes / le comportement antisocial

Je peux / On peut accepter / rejeter / éviter tout contact avec les pubs.

Les médias (ne) profitent (pas) de la pub.

Le médias (ne) sont (pas) indépendants / libres / enchaînés.

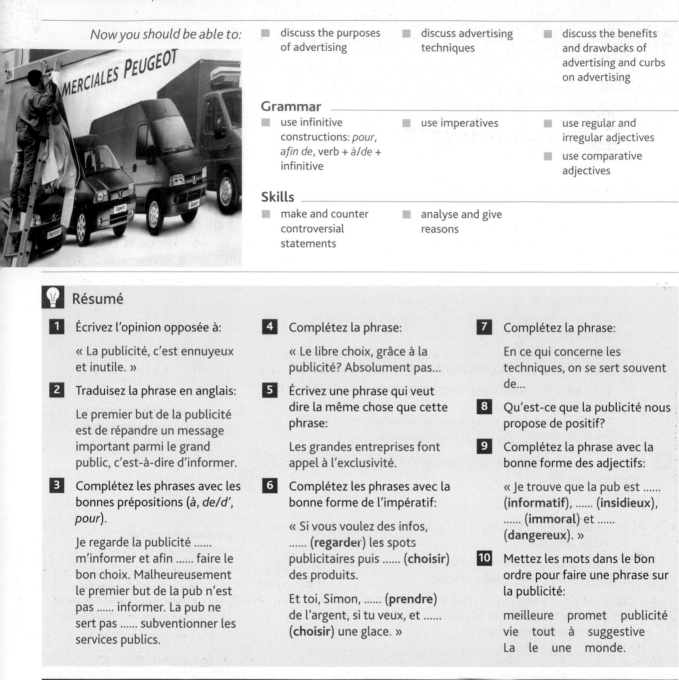

Now you should be able to:

- ■ discuss the purposes of advertising
- ■ discuss advertising techniques
- ■ discuss the benefits and drawbacks of advertising and curbs on advertising

Grammar

- ■ use infinitive constructions: *pour*, *afin de*, verb + *à*/*de* + infinitive
- ■ use imperatives
- ■ use regular and irregular adjectives
- ■ use comparative adjectives

Skills

- ■ make and counter controversial statements
- ■ analyse and give reasons

💡 Résumé

1 Écrivez l'opinion opposée à:

« La publicité, c'est ennuyeux et inutile. »

2 Traduisez la phrase en anglais:

Le premier but de la publicité est de répandre un message important parmi le grand public, c'est-à-dire d'informer.

3 Complétez les phrases avec les bonnes prépositions (*à*, *de/d'*, *pour*).

Je regarde la publicité ...... m'informer et afin ...... faire le bon choix. Malheureusement le premier but de la pub n'est pas ...... informer. La pub ne sert pas ...... subventionner les services publics.

4 Complétez la phrase:

« Le libre choix, grâce à la publicité? Absolument pas...

5 Écrivez une phrase qui veut dire la même chose que cette phrase:

Les grandes entreprises font appel à l'exclusivité.

6 Complétez les phrases avec la bonne forme de l'impératif:

« Si vous voulez des infos, ... (**regarder**) les spots publicitaires puis ...... (**choisir**) des produits.

Et toi, Simon, ... (**prendre**) de l'argent, si tu veux, et ...... (**choisir**) une glace. »

7 Complétez la phrase:

En ce qui concerne les techniques, on se sert souvent de...

8 Qu'est-ce que la publicité nous propose de positif?

9 Complétez la phrase avec la bonne forme des adjectifs:

« Je trouve que la pub est ...... (**informatif**), ... (**insidieux**), ... (**immoral**) et ...... (**dangereux**). »

10 Mettez les mots dans le bon ordre pour faire une phrase sur la publicité:

meilleure promet publicité vie tout à suggestive La le une monde.

AQA Examiner's tips

Listening
If a multiple choice question asks for a certain **number of ticks**, do not choose more than that number – you will lose marks.

Speaking
Lengthy introductions to answers waste time – focus on **relevant information**.

Reading
Plan your time carefully. Quickly scan the test and note which tasks will use more time.

Writing
Read the question carefully and pay attention to individual words like *et* and *ou*. You must follow instructions closely to address the question set.

Les médias

By the end of this chapter you will be able to:

	Language	Grammar	Skills
A **La technologie mobile**	■ talk about the popularity and personal use of technological equipment ■ discuss the benefits and dangers of modern technology	■ use reflexive verbs in the present tense	■ skim texts for gist, scan for detail and write summaries in English
B **Le rôle d'Internet**	■ discuss current and potential usage of the internet	■ use the future tense, including modal verbs	■ use a dictionary ■ use French and/or English pronunciation of technological terms
C **Internet: avantages et dangers**	■ discuss the benefits and dangers of the internet	■ use (and avoid using) the passive voice	

■ Le saviez-vous?

L'inventeur écossais, Alexander Bain, a inventé le premier télécopieur ou "fax" en 1843, grâce à la technologie télégraphique de Samuel Morse et avant l'invention du téléphone.
En 1907 l'inventeur français, Edouard Belin, a présenté son "Bélinographe", sorte de télécopieur qui transmettait à distance textes, documents et, pour la première fois, photos. Le nom de "Bélinographe" est encore utilisé pour le fax au Canada.

■ Pour commencer

a J'ai horreur d'Internet, je déteste les portables, surtout dans le train ou dans le bus, et je refuse de travailler sur ordinateur.

b J'ai mon propre blog, j'ai un baladeur MP4, j'envoie tout le temps des SMS à mes copains et je télécharge des fichiers musicaux et des films tous les jours.

1 Regardez les deux bulles a et b: qui est technophile et qui est technophobe?

2 Et vous, êtes-vous technophile ou technophobe? Comment le savez-vous?

3 Mettez ces usages d'Internet dans le bon ordre pour vous (1= le premier, 5 = le dernier):
   a e-learning   **d** les voyages et les vacances
   b les achats   **e** les loisirs
   c la communication

4 Pouvez-vous donner un exemple de chaque usage de la liste de la question 3?

5 Maintenant, 100 ans après l'invention du "Bélinographe", comment transmet-on à distance des textes, des documents, des photos et des films?

A La technologie mobile

le portable

appareil-photo numérique

téléphone

télévision

connexion Internet

agenda

e-mails

messagerie électronique

console de jeux

1 💡 Regardez les inventions et faites les activités interactives.

2 a 🎧 Écoutez. On fait mention de quels équipements?

le baladeur MP3 et le baladeur iPod
téléchargement de fichiers musicaux

le baladeur MP4
téléchargement de fichiers musicaux et vidéo

Expressions clés

Je suis technophobe / technophile.

Je me sers de (mon portable) pour…

appeler / téléphoner à mes copains

regarder la télé / des vidéos

prendre des photos

écouter de la musique

jouer à des jeux interactifs

envoyer des SMS / des e-mails

consulter mon agenda

Vocabulaire

à mesure que *as*

se distraire *to entertain oneself*

en tout lieu *anywhere*

la vie quotidienne *daily life*

le fichier *(computer) file*

disponible *available, free, flexible*

la reconnaissance *recognition*

l'appartenance *belonging, being a member of*

l'outil *tool*

brancher *to plug in, to connect*

le lieu *place*

joindre *to speak with (on the phone)*

la tribu *tribe*

exiger *to demand*

la disponibilité *flexibility, availability*

b Êtes-vous technophile ou technophobe? Dressez une liste de tous les aspects de la technologie mobile dont vous vous servez. Discutez-en avec un(e) partenaire.

Exemple: _____

Je me sers de mon portable pour appeler mes copains et pour envoyer des SMS. J'ai aussi un baladeur MP4. Je suis assez technophile, je suppose.

_____

3 a 💡 Lisez le texte et faites l'activité interactive.

À mesure que la société d'information se transforme en société de communication, la technologie mobile devient de plus en plus essentielle. La génération techno – les 15–24 ans – s'intéresse moins à s'informer et plus à se distraire et à communiquer à tout moment et en tout lieu. Ce qui explique pourquoi la musique, qui fait partie intégrante de l'univers des jeunes, est présente dans tous les moments de leur vie quotidienne et en tout lieu, de plus en plus sous forme de fichiers disponibles sur ordinateur, Internet, baladeurs iPod, MP3 et MP4 et clés USB.

Pour la grande majorité des jeunes, la musique constitue à la fois une distraction et un signe d'appartenance à un groupe. Le portable est un moyen efficace pour chacun de garder le contact avec les membres de son univers et de les tenir à distance. Grâce à leur "joignabilité" via le portable – capacité de joindre et d'être joint en principe à tout moment et en tout lieu – les membres des "tribus" deviennent vraiment "nomades"; ils n'ont plus besoin d'être réunis dans un même lieu pour échanger.

Ainsi la technologie des communications, qui au début exigeait la présence fixe de l'utilisateur, garantit désormais la disponibilité maximale des "nomades" autonomes qui font pourtant partie de leur propre tribu réelle et virtuelle.

D'après G. Mermet, Francoscopie 2007 © Larousse 2006

3 b 💡 Écrivez un résumé du texte en anglais. (Compétences/Feuille)

4 a 💡🎧 Écoutez les opinions sur la technologie mobile et faites les activités interactives.

b 💡 Quelle est votre opinion? Lisez le texte sur la feuille et formulez une réponse.

Exemple: _____

C'est vrai que la technologie mobile devient de plus en plus essentielle, mais je cherche tout autant à m'informer qu'à me distraire et communiquer à tout moment et en tout lieu.

_____

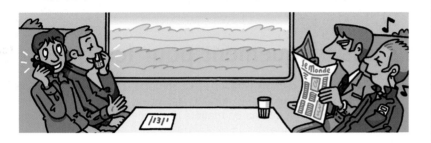

5 a Lisez les bulles et classez les opinions sur la technologie.

Accepte qu'il y a des inconvénients	N'accepte pas	N'a pas d'opinion fixe

À vrai dire, la technologie n'a pas d'inconvénients pour moi. C'est parfait: je suis disponible, je peux contacter qui je veux quand je veux et je peux me distraire à tout moment et en tout lieu.

A

Je suppose qu'il y a des pour et des contre. Personnellement, je ne m'en sers pas beaucoup, alors ça m'est égal.

B

J'ai horreur de tous ces gens qui parlent sur leur portable n'importe où et n'importe quand. Ça m'énerve! Et quant aux baladeurs, n'en parlons plus!

C

Mes parents se servent de mon portable comme instrument de contrôle. Ils m'appellent tout le temps, ça c'est un vrai inconvénient!

D

b 💡 À vous de persuader votre partenaire des pour ou des contre de la technologie mobile. (Feuille)

Exemple: _____

A: Tu trouves que la technologie mobile a des inconvénients?

B: Non, pas du tout. À mon avis, c'est parfait. Je suis disponible, je peux contacter qui je veux quand je veux et...

_____

🔖 Compétences

Skimming for gist, scanning for detail and writing summaries in English

■ Expressions clés

J'aime bien m'informer sur Internet / communiquer au portable.

Je cherche moins à (m'informer) et plus à (me distraire / communiquer).

Je me sers de toutes les formes de communication.

En ce qui concerne la musique, je me sers tout le temps de mon baladeur.

Ça ne me dit rien d'(écouter tout le temps de la musique).

La technologie mobile que je trouve absolument essentielle, c'est (le portable).

Je m'en sers pour garder le contact / appeler ma mère / envoyer des SMS.

Il faut absolument être (joignable).

Si on n'est pas disponible, on ne peut pas faire partie de la bande.

💡 Grammaire

Reflexive verbs

Most reflexive verbs are regular and belong to the **-er** group. They differ from other verbs in that they have **reflexive pronouns**. See page 118.

je **m'**intéresse
tu **t'**intéresses
il/elle/on **s'**intéresse
nous **nous** intéressons
vous **vous** intéressez
ils/elles **s'**intéressent

Remember that in the perfect tense, all reflexive verbs take *être*, e.g. *elle s'est transformée.*

Le rôle d'Internet

Traduire un texte (Inscrivez jusqu'à 150 mots)

Choisir les langues source et cible ▾ Traduire

Traduire une page Web
http://
Choisir les langues source et cible ▾ Traduire

Recherche multilingue
Web | Images | Vidéos ○ Recherche

Compétences

Using a French–English dictionary

1 a À deux. Défi de trois minutes: A cherche ces termes en français dans un dictionnaire (électronique), B les cherche dans le texte.

interface	new opportunities	e-surfers	e-mails	bank accounts
chat rooms	bills	instant messenger	software	download

L'informatique mais pas uniquement pour les "geeks"

La communication est le premier usage d'Internet. 93% des usagers s'en servent pour rechercher des informations, 82% envoient et reçoivent des mails, 32% fréquentent en outre des forums de discussion, et 8% utilisent leur ordinateur pour téléphoner. Plus de 11,3 millions d'internautes utilisent une messagerie instantanée, alors que des milliers de blogs se créent chaque jour.

Après la communication, le loisir arrive en bonne position des usages d'Internet: un tiers des internautes téléchargent de la musique, des logiciels ou des films, et ils sont de plus en plus nombreux à jouer en ligne sur des sites dédiés. Internet offre aussi des services d'administration électronique (accès aux comptes bancaires, impôts, factures) et des opportunités nouvelles en matière de formation et de formation en ligne.

Est-ce qu'il finira par remplacer en partie les études dans les écoles traditionnelles qui apparaissent aujourd'hui en difficulté? Une chose est sûre: les usages du réseau vont se multiplier au fil des années. Qui risquera de profiter le plus de l'amélioration de l'interface homme-machine? Ce sera sans doute les jeunes, les personnes les plus instruites et les "geeks" (individus dépendants d'Internet et des nouvelles technologies).

D'après G. Mermet, Francoscopie 2007 © Larousse 2006

Compétences

French or English pronunciation for new technology?

b 💡 Lisez le texte et faites l'activité interactive.

c Relisez le texte ci-dessus. Lisez les phrases 1–10: trouvez et corrigez une erreur par phrase.

1 L'usage principal d'Internet est le téléchargement.

2 La minorité des usagers s'en servent pour rechercher des informations.

3 Moins de 80% reçoivent et envoient des courriers électroniques.

4 Les messageries instantanées sont peu utilisées par les internautes.

5 Les blogueurs écrivent des centaines de journaux électroniques pour faire connaître leurs avis ou leur vie au plus grand nombre.

6 33% des usagers piratent des fichiers musicaux et vidéo et des logiciels.

7 Les sites dédiés aux jeux interactifs attirent de moins en moins d'internautes.

8 Les opportunités de formation et de e-learning ne se multiplient pas.

9 Personne ne profitera de l'amélioration de l'interface homme-machine.

10 Les "geeks" ne s'intéressent guère à Internet et aux nouvelles technologies.

2 Lisez l'extrait de dictionnaire, puis décidez si vous êtes un crack en informatique vous aussi. Discutez-en avec un(e) partenaire.

> **geek*** n (= nerd) allumé(e)* **nmf**
> –**computer geek** crack* **nm** en informatique

Exemple: _____

A: Comment tu te sers d'Internet?

B: Je recherche des informations, j'envoie et reçois des mails, je vais sur les "chats" et j'utilise la messagerie instantanée.

A: Tu télécharges aussi?

B: Oui, de la musique pour mon baladeur MP3, et je joue en ligne aussi.

A: Tu te sers des services électroniques aussi (comptes bancaires, factures…)?

B: Non, pas du tout, mais je me sers d'eBay.

A: Alors, tu te considères comme un crack en informatique?

B: Mais non, je ne suis pas un "geek" et je ne suis pas allumé non plus.

3 a 💡🎧 Écoutez l'interview et faites l'activité interactive.

b Reliez les bons conseils (1–10) et les explications (A–J).

Expressions clés

Tu te considères comme un "geek"?

Tu dépends d'Internet et des nouvelles technologies?

Oui, un peu / peut-être / c'est possible.

Non, pas du tout / absolument pas / bien sûr que non / quelle horreur!

Je (ne) suis (pas) un crack en informatique et je (ne) suis (pas) allumé(e) (non plus).

Comment tu te sers d'Internet?

Je recherche des infos / J'envoie et reçois des mails / Je vais sur les "chats" / Je me sers de la messagerie instantanée.

Je (ne) me sers (pas) des services électroniques: comptes bancaires, factures.

Je fais du shopping / des réservations de billets.

Pour bien profiter d'Internet…

On doit….

1 bien choisir ses sites
2 communiquer ses coordonnées avec prudence
3 exprimer ses opinions
4 partager ses idées
5 savoir dire non!

On ne doit pas...

6 rester passif comme devant la télé
7 croire tout ce qu'on voit, lit ou entend
8 communiquer son identité
9 voler les textes, images et idées
10 télécharger sans autorisation

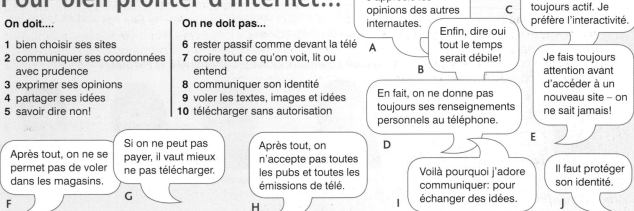

> J'apprécie les opinions des autres internautes. **A**

> Au contraire, je suis toujours actif. Je préfère l'interactivité. **C**

> Enfin, dire oui tout le temps serait débile! **B**

> Je fais toujours attention avant d'accéder à un nouveau site – on ne sait jamais! **E**

> En fait, on ne donne pas toujours ses renseignements personnels au téléphone. **D**

> Après tout, on ne se permet pas de voler dans les magasins. **F**

> Si on ne peut pas payer, il vaut mieux ne pas télécharger. **G**

> Après tout, on n'accepte pas toutes les pubs et toutes les émissions de télé. **H**

> Voilà pourquoi j'adore communiquer: pour échanger des idées. **I**

> Il faut protéger son identité. **J**

4 💡 Prenez le rôle de Monsieur Logiciel (ou Guillaume Le Portail) et préparez une présentation multimédia intitulée: « Le rôle d'Internet aujourd'hui et demain » Servez-vous du texte à la page 28. Considérez l'avenir de cette voie de communication. (Présentation)

💡 Grammaire

The future tense

Use the simple future tense to say something <u>will</u> happen.

To form the simple future tense of regular verbs you need:

1 the infinitive (minus the final 'e' in **-re** verbs): *risquer, finir, se réduir-*

2 plus the following endings:
je **-ai**   tu **-as**   il / elle / on **-a**   nous **-ons**   vous **-ez**   ils / elles **-ont**

Qui **risquera** d'en profiter le plus? *Who will be likely to benefit most?*

Some verbs have an irregular stem but still use regular endings, including these:

être – **ser-**   avoir – **aur-**   faire – **fer-**
devoir – **devr-**   pouvoir – **pourr-**   savoir – **saur-**   vouloir – **voudr-**
See page 115 for a full list.

C   Internet: avantages et dangers

1 Classez les aspects positifs et négatifs sous "Internet" ou "Enfernet".

Internet ou Enfernet?

la propagande   le fascisme   l'émancipation

l'esclavage   la liberté   le contact   la démocratie

l'éducation   la fraude   l'information   le commerce

la manipulation   la dépendance   l'exploitation

l'intrusion   la communication

Internet (positif)	*Enfernet* (négatif)
la communication	la propagande

2 a 💡🎧 Écoutez les personnes qui parlent de l'internet et faites les activités interactives.

b Qui a dit quoi? Reliez les photos A–F et les bulles 1–6.

A producteur de vins	B homme politique	C élève	D grand-mère	E journaliste	F jeune fille

Grâce à l'internet je peux...

1. … envoyer mes reportages électroniques au bureau n'importe quand, n'importe où et en toute sécurité.

2. … recevoir des photos numériques de mes petits-enfants.

3. … vendre mes produits.

4. … faire mes études à la maison et au lycée.

5. … contacter mes copains par mail.

6. … adresser la parole aux votants.

Expressions clés

Grâce à l'internet, on peut/on a la possibilité de...

Si on veut, on peut...

vendre ses produits
contacter des copains
recevoir des photos numériques
envoyer des reportages électroniques
faire des études

3 Activité à la chaîne: choisissez à tour de rôle un avantage ou un inconvénient d'Internet.

Exemple: _____

A: Grâce à l'internet, on peut télécharger de la musique.

B: Oui, mais à cause de l'internet on peut répandre des virus.

C: D'accord, mais grâce à l'internet je peux télécharger un logiciel de sécurité.

D: C'est vrai, mais à cause de l'internet il est possible de…

_____

4 **a** Lisez le texte et trouvez au moins cinq contrastes.

Exemple: _____

je suis pour / je suis contre
_____

b Faites le sommaire de cet article en 50 mots en anglais.

Comment répondre à ces questions du type: « Vous êtes pour ou contre l'internet? Internet: ami ou ennemi? C'est un cercle vicieux ou un cercle vertueux? » C'est les deux: ami et ennemi, cercle vertueux et vicieux. Comme dans tout, il y a du bon et du mauvais, le juste et l'injuste, les pour et les contre.

On me dit: « Je suis pour l'internet dans la mesure où il facilite la communication, les loisirs, le travail, les achats. » Puis un autre me fait des propos contraires: « Je suis contre l'internet dans la mesure où il facilite la manipulation, l'exploitation et la violence. »

À ceux qui me disent: « Je préfère le monde réel à la virtualité, » je réponds: D'accord, mais le monde virtuel, créatif et imaginaire fait bien partie du monde réel. Alors, profitez-en, servez-vous des deux mondes à la fois. Mais n'oubliez pas qu'on a le choix: on n'est pas obligé de fréquenter les sites immoraux, extrémistes, manipulateurs.

Communiquez, circulez, échangez, maiz surtout choisissez!

c 💡 À trois. Discutez de la question: êtes-vous pour ou contre l'internet? (Feuille)

Exemple: _____

A: Je suis pour l'internet dans la mesure où…

B: Eh bien, moi aussi, évidemment!

C: Je suis contre dans la mesure où… Je n'aime pas…

A: Eh bien, moi non plus, évidemment!

B: Pour moi, l'internet, c'est l'ennemi parce que…
_____

5 💡🎧✎ Écoutez les questions et les réponses sur les médias, puis enregistrez vos propres réponses. (Feuille)

💡 **Grammaire**

Using and avoiding the passive voice

Most verbs are in the <u>active voice</u>, meaning the subject controls/carries out the action in the verb:
Je <u>contacte</u> mes copains par e-mail. *I contact my friends by email.* (I'm doing the contacting.)

The opposite is when you use the **passive**, meaning the subject is controlled or affected by the action in the verb:
Je **suis contacté(e)** par e-mail. *I am contacted by email.* (Someone else is doing the contacting.)

Use *être* in the relevant tense, plus **a past participle** (see pages 113–4 for past participles).

It is usually better to avoid the passive: use a phrase with *on* or a reflexive verb instead:
On me contacte par e-mail.

See page 117 for more on this.

Expressions clés

Certains groupes extrémistes peuvent…

répandre des virus / embêter les internautes avec la publicité / manipuler l'information et les gens

À part ça, il est possible aussi de…

perturber le travail / coordonner des manifestations / organiser des rencontres violentes / diffuser de la propagande / tricher en copiant sans autorisation / accéder à des sites interdits / perdre beaucoup d'argent et même son identité

Now you should be able to:

- talk about the popularity and personal use of technological equipment
- discuss the benefits and dangers of modern technology
- discuss current and potential usage of the internet
- discuss the benefits and dangers of the internet

Grammar

- use reflexive verbs in the present tense
- use the future tense, including modal verbs
- use (and avoid using) the passive voice

Skills

- skim texts for gist, scan for detail and write summaries in English
- use a dictionary
- use French and/or English pronunciation of technological terms

💡 Résumé

1 Complétez la phrase:
« Je ne suis pas technophobe mais... »

2 Que pensez-vous des personnes qui se servent de leur portable tout le temps?

3 Complétez la phrase:

À mesure que la société d'information se transforme en société de communication, la technologie mobile devient...

4 Complétez les phrases avec la bonne forme des verbes pronominaux (*reflexive verbs*) au présent:

On est des nomades musicaux car on ...... (**s'intéresser**) à la technologie et on ...... (**se distraire**) n'importe où et n'importe quand. Moi, par exemple, je ...... (**se servir**) tout le temps de mon baladeur. En plus, tous mes copains ...... (**se brancher**) sur des réseaux différents pour garder le contact avec leurs parents et tous les autres "nomades".

5 Traduisez la phrase en anglais:

Une chose est sûre: les usages du réseau vont se multiplier au fil des années.

6 Complétez les phrases avec la bonne forme des verbes au futur:

Est-ce que l'internet ...... (**finir**) par remplacer l'école traditionnelle? Qui ...... (**risquer**) de profiter de l'interface homme-machine? Ce ...... (**être**) sans doute les jeunes, et les "geeks" ...... (**continuer**) à en profiter aussi.

7 Complétez la phrase:

« Pour bien profiter d'Internet, on ne doit pas... »

8 C'est qui?

« Grâce à l'internet, je peux envoyer mes reportages électroniques au bureau, n'importe où, n'importe quand et en toute sécurité. »

9 Pourquoi êtes-vous pour l'internet?

10 Écrivez une phrase qui décrit une opinion équilibrée sur les dangers et les bienfaits de l'internet.

AQA Examiner's tips

Listening

Look carefully at the **number of marks** set for each question: *2 marks* means that the examiner will look for two details in your answer.

Speaking

Prepare detailed answers that **justify reasons and opinions** where necessary. Think of **examples to explain why** you like/think something.

Reading

Read each question and **follow instructions** correctly. Make sure you answer in the **right language**, French or English!

Writing

Plan your ideas in a logical way. An essay should have a clear structure: introduction, main body and conclusion.

La culture populaire
Le cinéma

LA VIE EN ROSE

By the end of this chapter you will be able to:

	Language	Grammar	Skills
A **Les films et les tendances changeantes du cinéma**	■ talk about different types of film and express preferences about the cinema ■ understand changing trends in cinema-going ■ understand descriptions of films	■ use the present tense of regular and irregular verbs (revisited)	■ tackle listening activities
B **L'importance du cinéma dans la culture populaire**	■ understand the role of cinema in French culture ■ describe a film you've seen recently	■ make adjectives agree (revisited)	■ explain figures and statistics
C **Les différents moyens de regarder un film**	■ discuss different ways of viewing a film ■ talk about your film viewing preferences	■ use the conditional (including modal verbs)	

■ Le saviez-vous?

En 1895, les frères Louis et Auguste Lumière inventent le cinématographe. Au début 16 images par seconde sont projetées sur un écran.

Aujourd'hui, tout le monde regarde et crée des films...

2,8 millions d'internautes sont allés sur le site Youtube en août 2005. Un an après, ils étaient environ 72 millions par mois.

Plus de 65 000 nouvelles vidéos sont postées chaque jour sur le site californien, contre 4 000 pour le concurrent français Dailymotion.

■ Pour commencer

1 Selon vous, quel est l'avantage de cet enregistreur DVD?

> Vous pouvez enregistrer un programme sur le disque dur tout en regardant un DVD.

2
> C'est un bon film, les acteurs sont à la hauteur. ☺

Que dit-on ici? 'It's a good film and...'
a the actors are a bit haughty.
b the actors are up to the task.
c the actors have high standards.

3
> Emmanuelle Béart est resplendissante mais un rôle pas assez fort, dommage. ☹

Que dit-on ici? 'Emmanuelle Béart is radiant but...'
a is acting not so well this time.
b the role is damaging her.
c the role she has been given is not good enough.

4 Qui serait votre acteur préféré pour un film d'espionnage?

5 Trouvez l'intrus:
a une chaîne numérique
b un fichier numériques
c un écran haute définition

1 🎧 Écoutez les extraits de publicités pour trois films. Ils correspondent à quel film? Réécoutez et notez des détails en anglais.

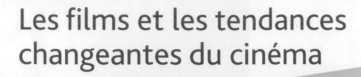

Les vacances de M. Bean

Pirates des Caraïbes 3: Jusqu'au bout du monde

Spiderman 3

2 a Lisez la description de trois films et les phrases 1–5. Qui dit quoi? Delphine, Salif, ou Thomas?

Delphine

Le week-end dernier, je suis allée au cinéma pour voir "Arthur et les Minimoys", un film de Luc Besson, un réalisateur français qui a réalisé son dixième long métrage sous la forme d'un premier dessin animé en 3D. Arthur et les Minimoys est un conte animé entre Toy Story et le Monde de Nemo. Il y a des moments où on se croit réellement au pays des Minimoys.

Salif

La dernière fois que je suis allé au cinéma, j'ai vu un film musical qui s'appelle "La Môme" d'Olivier Dahan. Le réalisateur trace la vie d'Édith Piaf, cette grande chanteuse. C'est une biographie en musique. Édith Piaf était surnommée "la Môme". Techniquement c'est une réussite complète. C'est un magnifique portrait d'Édith Piaf qui a enduré d'abord la misère avant de connaître la gloire et l'amour.

Thomas

"Les Choristes", c'est un film qui a fait carton plein en France. L'histoire de ce film est située durant les années 1948–49. Il nous raconte l'histoire de Clément Mathieu, qui est un ex-professeur de musique devenu pion à la recherche d'un poste. Il est engagé par le directeur strict et sévère d'un internat de rééducation pour jeunes garçons difficiles. Clément Mathieu décide de monter une chorale avec les enfants du pensionnat et, petit à petit, naît entre ce surveillant et les élèves une confiance réciproque.

Vocabulaire

le long métrage *full-length feature film*

le conte *tale*

surnommer *to nickname*

le/la môme *brat / kid*

faire carton plein *to get full marks*

le pion *school supervisor*

l'internat *boarding school*

la chorale *choir*

le pensionnat *boarding school*

le surveillant *school supervisor*

la confiance *confidence*

1 C'est un dessin animé très sophistiqué techniquement.

2 Le film décrit une situation à une certaine époque, mais ce n'est pas un documentaire.

3 J'étais émue et transportée dans un autre monde par ce film d'aventure.

4 On suit le héros dans toutes ses aventures, ce n'est pas un film de guerre mais un film à suspense.

5 C'est l'histoire de la vie de quelqu'un de très connu, en fait c'est un film d'amour.

b 💡 Relisez les textes et faites les activités interactives.

3 a 💡 Écoutez Delphine parler du choix entre le cinéma et la maison, et faites l'activité interactive.

b Préférez-vous aller au cinéma ou rester à la maison pour voir un film? Complétez les deux phrases selon vous.

1 J'aime aller au cinéma parce que…

2 Je préfère rester à la maison parce que…

a ça permet de sortir avec des amis.

b les effets spéciaux sont meilleurs sur un grand écran.

c j'adore l'ambiance.

d quelquefois il faut faire la queue.

e le cinéma est devenu assez cher.

f quelquefois on trouve des gens énervants dans le cinéma.

g si nécessaire on peut arrêter le film quand on veut.

4 💡🎧 Écoutez Martine. Lisez les phrases 1–5: vrai ou faux? Ensuite, réécoutez et lisez le texte en ligne. (Compétences/Feuille)

1 Martine n'aime pas les films qui font peur.

2 Les effets spéciaux embellissent le film.

3 L'année dernière, à peu près 50 films d'horreur sont sortis.

4 Au cinéma avec ses amis, Martine fait semblant d'être effrayée.

5 Un film d'horreur peut regarder notre société d'un œil critique.

5 💡 À deux. Pour chaque genre de film à droite, votre partenaire doit trouver une définition. Essayez de faire "un ping-pong" verbal! (Feuille)

Exemple: _____

A: Les films d'amour.

B: C'est un film où il y a deux personnes qui s'aiment, peut-être trois!

6 💡 Répondez aux questions, pour vous aider à écrire vos idées sur le cinéma. (Feuille)

1 Quelle sorte de film préférez-vous? Pourquoi?

2 Est-ce que vous avez un film préféré? Lequel? Pourquoi?

3 Est-ce que vous allez souvent au cinéma?

4 Vous allez au cinéma avec qui?

5 Quel est l'avantage de voir un film au cinéma?

6 Quel est l'avantage de voir un film à la maison?

Compétences

Tackle listening activities

Genres de film

les westerns, les comédies, les comédies musicales, les documentaires, les dessins animés, les policiers, les films d'amour, les films d'aventure, les films d'espionnage, les films de gangsters, les films de guerre, les films d'horreur, les films de science-fiction, les films à suspense, les films fantastiques, les films d'animation, les drames

Expressions clés

Je dois dire que ma préférence, c'est pour… parce que je m'intéresse au / à la / aux…

Je trouve (les films d'horreur) excellents parce que…

Mon film préféré c'est… parce que c'est intéressant / fascinant et…

Je vais au cinéma de temps en temps si j'ai assez d'argent / si mes amis y vont.

Je vais au cinéma seul(e) / avec mes amis / mon petit ami / ma petite amie / ma famille.

L'avantage de voir un film au cinéma, c'est que / qu'(on regarde le film sur le grand écran).

L'avantage de voir un film à la maison, c'est que / qu'(on peut regarder le film quand on veut).

💡 Grammaire

Present tense of regular and irregular verbs (revisited)

Check the endings for **-er**, **-ir** and **-re** verbs on page 112.

The present tense of irregular verbs just has to be learned by heart, especially *avoir*, *aller*, *être* and *faire*. See pages 112–113.

L'importance du cinéma dans la culture populaire

1 Sondage: posez les quatre questions.

1 Quelles sortes de film regardes-tu? Pourquoi?

2 Combien de fois par mois vas-tu au cinéma?

3 Tu y vas avec qui?

4 Comment est le cinéma là où tu habites?

1 Moi, j'adore les films d'horreur. J'aime bien être effrayé(e).

2 J'y vais au moins quatre fois par mois.

3 Je vais au cinéma avec mes amis.

4 Là où j'habite, il y a un grand complexe avec cinq salles. C'est moderne et à côté, il y a un restaurant italien.

2 a Lisez le texte, puis décidez si les phrases 1–6 sont vraies ou fausses. Corrigez les phrases qui sont fausses.

L'importance du cinéma pour les Français

Le cinéma constitue pour les citadins un moyen d'évasion. Le nombre de salles est plus élevé dans les villes. La fréquentation est traditionnellement plus élevée à Paris: 14 entrées par habitant par an, contre quatre dans les communes de 100 000 habitants et plus. Le cinéma demeure un loisir hivernal. Le cinéma est aussi un loisir de week-end, une entrée sur quatre a lieu le samedi.

Le public du cinéma compte environ 33,2 millions de personnes. En dix ans, la fréquentation a augmenté de 27,4%.

En 2005, les moins de 25 ans représentaient 36,9% des spectateurs, contre 41,7% en 1996. Les 15–24 ans sont allés en moyenne 7,1 fois au cinéma en 2005. Les 50 ans et plus, qui composaient 37,4 % de la population française, représentaient en 2005 25,3 % du public du cinéma, contre 17,5% en 1996.

D'après G. Mermet, Francoscopie 2007 © Larousse 2006

1 Les gens des villes n'aiment pas aller au cinéma.

2 On voit une augmentation du nombre de visites au cinéma.

3 Ce sont les Parisiens qui vont le plus souvent au cinéma.

4 On préfère aller au cinéma en été.

5 Le cinéma n'est pas fréquenté pendant le week-end.

6 Ce ne sont pas seulement les jeunes qui vont plus souvent au cinéma.

b Faites un résumé du premier paragraphe du texte en anglais (60 mots).

3 💡 Comment écrit-on ces phrases en français? Utilisez le graphique et Compétences/Feuille pour vous aider.

1 People under 25 represent 36.9% of viewers.

2 The over-50s count for 25.3% of visits to the cinema.

3 People aged 15–24 went on average 7.1 times to the cinema.

4 Going to the cinema has increased compared to five years ago.

5 One out of four cinema-goers go to the cinema on a Saturday.

Vocabulaire

le citadin *city dweller*

le moyen d'évasion *means of escape*

la fréquentation *going to the cinema*

la commune *small town*

(le loisir) hivernal *winter (activity)*

avoir lieu *to take place*

le spectateur *viewer*

📷 Compétences

Explaining figures and statistics

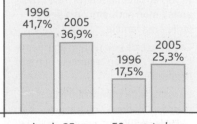

1996 41,7%
2005 36,9%
1996 17,5%
2005 25,3%

moins de 25 ans   50 ans et plus

4 💡🎧 Écoutez l'interview d'un acteur de film et faites les activités interactives.

5 Lisez la description d'un film. Lisez les phrases 1–9 et choisissez les cinq phrases qui sont correctes.

Un bon film que j'ai vu

Je suis allée voir le film d'Arthur et les Minimoys: j'ai beaucoup aimé le film parce que c'était un dessin animé, ce que j'adore. Le film raconte l'histoire d'Arthur, un petit garçon courageux de dix ans, qui décide de sauver la maison de sa grand-mère des méchants promoteurs immobiliers. Lorsque son grand-père était vivant, il avait beaucoup parlé des Minimoys et de leur trésor. Donc Arthur veut trouver le trésor.

Les Minimoys sont de minuscules êtres qui hantent le jardin de la maison. Arthur décide de suivre les indices laissés par son grand-père pour passer dans le monde des Minimoys. Arthur se fait plein d'amis et il vit aussi des moments un peu effrayants surtout quand il s'agit du méchant Maltazar.

Les personnages sont super et on se croit vraiment dans cet autre monde. Les effets spéciaux et le graphisme sont de bonne qualité. Ce que je trouve bien, c'est que Luc Besson a choisi des stars pour doubler ses personnages. C'est chouette d'entendre les voix de Madonna, David Bowie et Snoop Dogg pour la version originale, ou Mylène Farmer, Alain Bashung et Marc Lavoine pour la version française. Pour moi, c'est un très grand succès.

Allez sur: www.cinefil.com ou www.allocine.fr
pour voir plus de critiques

---

1 Le film raconte l'histoire d'Arthur qui reste 10 ans chez les Minimoys.
2 Arthur veut sauver la maison de sa grand-mère.
3 Arthur doit trouver le trésor des Minimoys pour pouvoir acheter la maison.
4 Le grand-père a oublié les indices.
5 Sans les indices, Arthur ne peut pas passer dans l'autre monde.
6 Arthur n'a pas d'amis.
7 Luc Besson a dû changer les stars pour la version du film en anglais.
8 Les effets spéciaux ne marchent pas très bien.
9 Le graphisme est fantastique.

6 💡 Lisez l'histoire des films et faites les activités interactives.

7 💡🎧 Écoutez les opinions sur Arthur et les Minimoys. Notez en français si Asif, Manon et Stéphanie ont une opinion positive, négative ou mixte, et pourquoi. (Feuille)

8 💡 « Un film que j'ai vu. » À deux: posez les questions et répondez-y, puis écrivez un paragraphe. Utilisez la feuille et le texte de l'activité 5 pour vous aider.

1 Comment s'appelle un film que tu as vu récemment?
2 C'est quelle sorte de film?
3 Qui sont les personnages?
4 Que désire le personnage principal?
5 Que penses-tu du film?

Vocabulaire

sauver *to save*

les promoteurs immobiliers
  property developers

de minuscules êtres *tiny creatures
  / beings*

suivre *to follow*

l'indice *clue*

il se fait plein d'amis *he makes
  (himself) lots of friends*

doubler *to dub*

la voix *voice*

💡 Grammaire

Adjectives (revisited)

To tell a good story or give strong opinions, you need adjectives!

Remember, an adjective qualifies a noun and is usually placed <u>after</u> the noun it describes. For those that go <u>before</u> the noun, see page 108.

The adjective needs to agree with the noun: singular or plural, masculine or feminine. For patterns and a list of irregular forms, see page 108.

Expressions clés

Récemment j'ai vu… C'est un(e)…

Il nous raconte l'histoire de…

Les personnages sont…

Le personnage principal désire /
essaie de…

À mon avis, le film est…

C Les différents moyens de regarder un film

1 Lisez le forum des messages et faites les activités interactives.

2 a 💡 Lisez le texte. Trouvez le bon titre en dessous pour chaque paragraphe. (Feuille)

Tu aimes aller au cinéma ou préfères-tu le "cinéma à domicile"?

1 Aller au cinéma, c'est autre chose que de regarder un film à la maison. L'écran est beaucoup plus grand, les effets sont multipliés et les sensations sont diverses. Aussi on peut bien sûr rencontrer ses amis au cinéma et partager de bons moments.

2 Les Français regardent beaucoup plus de films chez eux que dans les salles.

3 Les nouvelles technologies favorisent l'installation du cinéma à la maison avec de larges écrans plats, image haute définition, chaînes numériques, lecteurs-enregistreurs de DVD… Ces développements ont donné naissance au "cinéma à domicile" avec l'aide d'un écran de télévision ou d'ordinateur.

4 Avec le DVD, on voit l'augmentation du téléchargement illégal de films sur Internet et le développement de la location de film à la demande sur Internet. L'accès à haut débit permet de télécharger rapidement des films entiers, de les visionner sur ordinateur, de les copier sur des DVD ou de transférer les fichiers numériques vers les équipements de salon.

Nom
- Reviens-moi.avi
- Le.Scaphandre.et.le.Papillon.avi
- La.vie.en.Rose.avi
- La Guerre selon Charlie Wilson.a
- Elizabeth_l'Age.d'or.avi
- Atonement.avi

Vocabulaire

partager *to share*

la chaîne numérique *digital channel*

le lecteur-enregistreur de DVD *DVD player-recorder*

l'augmentation *increase*

le téléchargement *downloading*

la location *hire*

à haut débit *broadband*

le fichier *file*

Le développement technologique

La réalité pour la plupart des gens

L'occasion de voir un film quand on veut et comme on veut

Le plaisir de sortir et de rencontrer des amis

b Reliez les débuts et les fins de phrase.

1 Aller au cinéma…
2 La tendance…
3 Les nouvelles technologies…
4 L'accès à très haut débit…

a … actuelle est de ne pas se déplacer pour voir un film.

b … permet de télécharger facilement des films pour les regarder soit sur ordinateur soit en DVD.

c … nous offrent des écrans plats de très haute qualité et les moyens d'enregistrer sur DVD.

d … reste l'occasion de sortir et de se réunir avec des copains pour de meilleures expériences cinématographiques.

c Faites un résumé en anglais des textes de l'activité 2a (120 mots maximum).

3 💡🎧 Écoutez les commentaires sur les sites comme Youtube et Dailymotion. Lisez le texte sur la feuille et faites les activités.

Pour voir un site français où on poste les vidéos, allez sur: www.dailymotion.com

4 💡 À deux. Une personne préfère aller au cinéma, l'autre préfère "le cinéma à domicile". Essayez de persuader l'autre. Essayez de dialoguer pendant deux minutes. (Feuille)

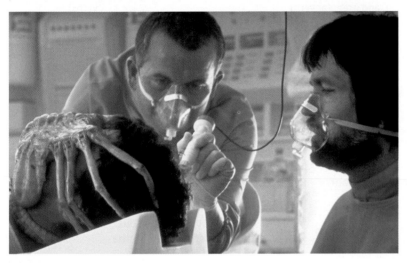

5 💡 Lisez le texte sur les films d'horreur et faites les activités interactives.

6 💡🎧 Écoutez le texte sur James Bond. Faites les activités interactives.

7 Comment regardez-vous les films, en général? Écrivez un paragraphe en répondant aux questions 1–6.

1 Quand regardez-vous des films?

2 Où regardez-vous des films?

3 Quel équipement avez-vous à la maison?

4 Quelle est votre façon préférée de regarder un film?

5 Comment aimeriez-vous voir les films comme James Bond ou les films d'horreur?

6 Comment pourriez-vous persuader quelqu'un d'aller au cinéma?

Exemple: _____

En semaine, j'enregistre des films pour les regarder le week-end, parce que je n'ai pas beaucoup le temps de sortir. Si un film m'intéresse, je peux le télécharger.

Si je regarde un film à la maison, on peut le mettre en pause ou mettre en avant ou arrière. À la maison, j'ai un grand écran haute définition. L'inconvénient, c'est que, souvent, mes amis sortent au cinéma et moi, je reste à la maison. Un James Bond serait mieux sur un grand écran.

Pour persuader quelqu'un d'aller au cinéma, je dirais que le son est plus spectaculaire au cinéma.

Expressions clés

Je préfère aller au cinéma.

Moi, je préfère rester à la maison que d'aller dans une salle.

Aller au cinéma, c'est autre chose que de regarder un film à la maison.

J'aime télécharger les films / transférer les fichiers numériques.

Chez moi, il y a un écran large et plat / un écran haute définition / un lecteur-enregistreur de DVD

J'ai des chaînes numériques / un ordinateur / l'internet / l'accès à haut débit

💡 Grammaire

The conditional

The conditional conveys the sense of 'would do' something.

Je **dirais** que …
I would say that …

To form the conditional, start with the stem as for the <u>future</u> tense (see page 115):

laisser – **laisser-**
vouloir – **voudr-**
devoir – **devr-**
pouvoir – **pourr-**

Add these endings, which are the same as for the <u>imperfect</u> tense:

je **-ais**	nous **-ions**
tu **-ais**	vous **-iez**
il/elle/on **-ait**	ils/elles **-aient**

■ It's essential to know verbs like 'should' or 'could': these are conditional forms of **devoir** and **pouvoir**. See page 115.

Now you should be able to:

- talk about different types of film and express preferences about the cinema
- understand changing trends in cinema-going
- understand descriptions of films

- understand the role of cinema in French culture
- describe a film you've seen recently

- discuss different ways of viewing a film
- talk about your film viewing preferences

Grammar

- use the present tense of regular and irregular verbs (revisited)
- make adjectives agree (revisited)
- use the conditional (including modal verbs)

Skills

- tackle listening activities
- explain figures and statistics

💡 Résumé

1 Complétez les phrases avec un verbe au présent:

La France ...... (**demeurer**) le pays européen où le cinéma américain ...... (**être**) le moins dominant. Les Français ...... (**regarder**) cependant plus de films chez eux que dans les salles. En moyenne, une entrée sur quatre ...... (**avoir**) lieu le week-end.

2 Mettez les mots dans le bon ordre pour faire une phrase qui décrit les tendances du cinéma en France:

Français allé moyenne trois en fois au est cinéma en 2005. Chaque

3 Écrivez une phrase qui veut dire la même chose:

« Le film raconte l'histoire de la vie d'une chanteuse. »

4 Recopiez les phrases en utilisant la bonne forme de l'adjectif:

Dans ce film (**humoristique**) on trouve les personnages très (**attachant**). Le (**petit**) garçon et la (**petit**) fille sont vraiment (**adorable**). La fille est surtout (**courageux**). Ce que j'adore dans ce film, ce sont les effets (**spécial**).

5 Traduisez la phrase en français.

Going to the cinema has increased, as opposed to five years ago.

6 Quel est l'intrus? Pourquoi?

cinéaste   tourner   acteurs   séances   salles   amateurs de cinéma

7 Mettez les verbes au conditionnel et puis traduisez la phrase en anglais.

« Tu ...... (**devoir**) télécharger ce film puisqu'il est super. On ...... (**pouvoir**) le regarder ensemble samedi soir. »

8 Faites une phrase avec les mots suivants. Choisissez la forme correcte de chaque mot si nécessaire.

nouveau + technologies + permettre + téléchargement + de + film + pour + regarder + en DVD

9 Complétez la phrase d'une manière positive:

« J'aime bien aller au cinéma parce que... »

10 Que diriez-vous pour persuader un ami ou une amie d'aller voir un film?

AQA   Examiner's tips

Listening

When answering questions set in French, look carefully at the **question word** used in each one. There is a difference between *qui* and *que*!

Speaking

Use your **personal experience** of a topic (advertising, sport, families) to form your ideas.

Reading

Read the whole text to understand its general meaning before you answer the questions.

Writing

Underline the **key elements** in the question and use these as paragraph sub-headings in your planning.

La culture populaire
La musique

5

By the end of this chapter you will be able to:

	Language	Grammar	Skills
A **La musique et les tendances changeantes**	■ understand and give short descriptions and opinions of different kinds of music ■ explore trends in music and music technology	■ form and use adverbs	■ give and justify opinions
B **L'importance de la musique**	■ discuss the role of reality TV and music	■ use the immediate future and the future tense (revisited)	■ form questions
C **La musique et la personnalité**	■ explore the relationship between music and personality ■ give an account of a music event	■ use the perfect and imperfect tenses	■ have strategies to check your work

■ Le saviez-vous?

Les achats de CD vierges sont trois fois plus nombreux que ceux de CD musicaux. Une grande partie seraient utilisés pour copier les CD prêtés par des amis ou téléchargés sur Internet. Selon des études, pour cinq titres écoutés, quatre seraient téléchargés illégalement et un seul acheté.

66% des Français disent préférer la chanson française, devant la pop et le rock. Cependant le nombre d'artistes français situés parmi les cent meilleures ventes a chuté.

D'après G. Mermet, Francoscopie 2007 © Larousse 2006

■ Pour commencer

1 Le "dancehall" c'est quel genre de musique?
 a ballroom dancing
 b step dancing
 c clubbing

2 Qu'est-ce que c'est, un "remixé"?
 a the faults are wiped out
 b a track that has been modified in a studio
 c music from a jamming session

3 Qui est votre rappeur préféré?

4 Trouvez l'intrus:
 a mélodie   b paroles
 c chanter

5 Faites un sondage dans la classe: quel appareil est le plus populaire parmi vous pour écouter la musique? Radio, lecteur CD, MP3, Internet, téléphone portable...?

La musique et les tendances changeantes

Kyo

Vocabulaire

à la mode *in fashion*

la variété française *French pop music*

les adeptes *followers*

de plus en plus *more and more*

percer *to break through*

se portent bien/mal *are faring well/badly*

être à la traîne *to be trailing behind*

💡 Grammaire

Adverbs

Adverbs qualify verbs and once they are formed never change (unlike adjectives!). Adverbs describe how, when, where and to what extent something happens.

To form many adverbs, take the feminine form of the adjective and add **-ment**.
franc *(frank)* – franche – **franchement** *(frankly)*

Many common adverbs have irregular forms, including:
bon – **bien** *(well)*
mauvais – **mal** *(badly)*

See *Grammaire* pages 108–9 for more on adverbs.

---

1 💡 Écoutez la musique et faites l'activité interactive.

2 a Lisez la liste des résultats du sondage. Êtes-vous surpris(e) par ces chiffres? Êtes-vous d'accord avec l'ordre? Pourquoi (pas)? Complétez les phrases 1–6.

Les internautes français et leur genre de musique

C'est sûr, la pop et le rock sont toujours à la mode! Mais franchement, la variété française n'est pas loin, avec plus de 20% d'adeptes. Pas de doute, la France aime sa langue et résiste bien aux influences anglophones. Même les chanteurs de rock français sont de plus en plus nombreux à percer (le groupe Kyo en est un bel exemple), et notre langue est également présente dans le rap hip hop et le R'n'B soul. Ces deux styles musicaux arrivent en troisième et quatrième positions, avec respectivement 14,1 et 12,3% de fans.

Le style de musique favori, c'est plutôt:	
Pop et Rock	21,1%
Variété Française	20,2%
Rap Hip Hop	14,1%
R'n'B Soul	12,3%
Musiques du monde	8,9%
Classique	7,3%
Métal Hard Rock	6,7%
Jazz	5,7%
Électro	3,7%

Les musiques du monde ne se portent pas mal non plus, avec presque 10% des votes. Enfin, grande surprise, la musique classique n'est pas à la traîne avec 7,3% des votes, devant le jazz (5,5%) et deux styles pourtant plus récents, le métal hard rock et l'électro (6,7% et 3,7% respectivement).

---

1 Il est surprenant de voir que… *It is surprising to see that…*
2 Les chiffres indiquent que… *The figures suggest that…*
3 J'ai toujours pensé que… *I've always thought that…*
4 La musique la plus populaire* est… *The most popular music is…*
5 En dernière position sur la liste, c'est… *Last on the list is…*
6 Pour moi, la musique que je préfère c'est… suivi par… *My favourite music is… and then…*

> * la plus populaire *(the most popular)* is an example of a superlative: see page 108

b Lisez le texte et mettez les phrases 1–7 dans l'ordre du texte.

1 French pop music is not far behind.
2 Pop and rock are still in fashion.
3 Metal and electro music come last.
4 More and more singers are emerging on the rock scene singing in French.
5 The French like their language and resist influences from the English-speaking world
6 World music gets 10% of the votes.
7 Classical music isn't trailing behind.

3 Lisez les trois textes sur la musique. Lisez les phrases 1–6: c'est qui? Camille, Inès ou Jennifer?

1 Où qu'elle soit, elle écoute de la musique.
2 Elle aime la musique avec des influences du monde afrique ou arabe.
3 Elle aime dépenser son argent pour une chanson au lieu d'un album entier.
4 Sans ordinateur, elle n'aurait pas de musique.
5 Elle adore tous les genres de musique, sauf un.
6 Même pendant les moments calmes, la musique est essentielle.

Camille

J'écoute toutes sortes de musique... du dancehall du zouk, du reggae. J'écoute beaucoup de ce genre de musique parce que j'ai vécu à la Réunion avant, et ça représente une bonne partie de ce que j'écoute. J'aime aussi le R'n'B et l'Oriental. J'écoute toutes sortes de musique, ça me permet de faire passer plein de sentiments. Mais le rap – c'est nul!

Inès

Moi, j'achète de la musique par Internet. Je télécharge de la musique sur des sites comme Fnac, Virgin, où maintenant la chanson coûte un euro. Je préfère acheter cela qu'acheter tout un album, parce que sur ces sites, je peux choisir quel type de chanson je veux, quel est le type de chanson que j'aime bien.

Jennifer

J'écoute de la musique dans toutes les situations où que je sois, dans le bus ou avant de travailler, en boîte, pendant les fêtes, pour m'endormir, pour faire mes devoirs, pour me reposer, pour aller à l'école, surtout en discothèque. J'aime bien danser, donc moi, j'adore le dancehall.

4 💡🎧 Écoutez Élise, puis complétez les activités interactives.

5 💡 Quels genres de musique est-ce que vous aimez et n'aimez pas? Donnez des raisons et justifiez votre opinion. Quand votre partenaire donne une opinion, dites le contraire! Lisez Compétences. (Feuille)

Exemple: _____

– J'aime la chanson française. Je trouve que les paroles sont les plus importantes: elles touchent les gens pour évoquer des émotions.

– Comment! Tu plaisantes! Je n'aime pas du tout ce genre de chanson parce qu'il n'y a aucun rythme. Selon moi, c'est toujours lent et mélancolique et les paroles sont sentimentales.

6 💡 Faites les activités interactives sur les sources de musique.

7 💡 Écrivez vos préférences concernant la musique. (Feuille) Mentionnez les points suivants:

- ce que vous aimez comme musique
- l'aspect d'une chanson qui est le plus important pour vous
- où et comment vous écoutez la musique

8 💡 Lisez la présentation sur cinq artistes qui chantent en français et faites l'activité. (Présentation)

◤ Compétences

Giving and justifying your opinions

▌ Expressions clés

Moi, personnellement, j'aime…

J'écoute toutes sortes de musique, mais j'écoute surtout…

J'aime la mélodie / les paroles / la voix du chanteur / le rythme.

J'adore ce genre de musique parce que ça me met de bonne humeur.

Ce que je préfère, c'est la pop, parce que ça me donne envie de danser et de bouger.

J'écoute de la musique deux heures par jour à la maison / quand je voyage.

J'achète de le musique par Internet.

Je télécharge de la musique.

J'écoute la radio / des CD / des fichiers MP3 / de la musique sur Internet.

B L'importance de la musique

1 a À deux: décidez si les opinions 1–6 sont positives, négatives ou mixtes.

b Aimez-vous les émissions comme "X-Factor"? Pourquoi (pas)?

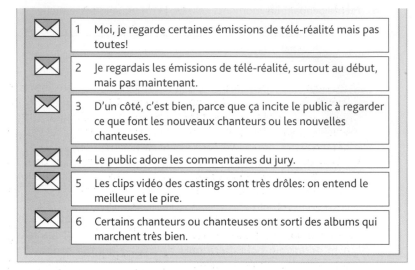

✉	1	Moi, je regarde certaines émissions de télé-réalité mais pas toutes!
✉	2	Je regardais les émissions de télé-réalité, surtout au début, mais pas maintenant.
✉	3	D'un côté, c'est bien, parce que ça incite le public à regarder ce que font les nouveaux chanteurs ou les nouvelles chanteuses.
✉	4	Le public adore les commentaires du jury.
✉	5	Les clips vidéo des castings sont très drôles: on entend le meilleur et le pire.
✉	6	Certains chanteurs ou chanteuses ont sorti des albums qui marchent très bien.

2 a 💡🎧 Écoutez le texte sur la célébrité et l'émission "Star Academy". Lisez le texte (en ligne).

b 🎧 Réécoutez et choisissez les cinq phrases qui sont vraies. Corrigez les phrases qui sont fausses.

1 La télé-réalité est pour certains le seul moyen d'être connu.
2 C'est une bonne chose pour ceux qui veulent débuter.
3 Le métier de la musique est facile.
4 On est sûr d'être célèbre pour longtemps.
5 Il est facile d'oublier les chanteurs et les chanteuses.
6 On peut être en première page des journaux.
7 Pour certains chanteurs ou chanteuses, la vie ne sera plus la même.
8 Le meilleur reste toujours à venir.

💡 Grammaire

The future tense (revisited)

One way to talk about the future is to use the immediate future, *aller* + infinitive:
Je **vais télécharger** cette chanson. *I'm going to download* this song.

Another way is to use the simple future, expressing the notion of 'will do' something:
La vie ne **sera** plus la même. *Life **will** no longer **be** the same.*

See *Grammaire* page 115 to revise how to form the future tense.

3 Lisez l'article sur "Nouvelle Star". Reliez les deux parties des phrases.

1	La Nouvelle Star	a	exigeante pour les candidats.
2	Les jugements du jury sont	b	deux des candidats ne peuvent plus continuer.
3	Les émotions extrêmes	c	voter pour leur candidat préféré.
4	L'émission est	d	est bien connue partout dans le monde.
5	Les spectateurs doivent	e	rendent l'émission attirante pour les téléspectateurs.
6	À la fin de la soirée,	f	l'ingrédient essentiel.

Nouvelle Star

Nouvelle Star est un phénomène en France mais aussi dans le monde entier. Des interprétations inoubliables aux célèbres coups de gueule du jury, en passant par les séquences d'émotion, de tension et de joie. Toutes les semaines, c'est un véritable concert qu'offrent les candidats au public et aux téléspectateurs: choisir leur chanson, apprendre leur texte, répéter, sélectionner leur tenue. Vous suivrez leur préparation.

Nouvelle Star va bientôt recommencer. Des 25 000 candidats initiaux pour cette émission, il n'en restera que quinze. Chacun interprétera une chanson de son choix. Ils auront non seulement à confirmer qu'ils sont de bons chanteurs mais devront aussi également assurer une prestation scénique convaincante.

Les membres du jury, comme à leur habitude, ne mâcheront pas leurs mots. Outre l'avis du jury, les candidats devront compter avec les suffrages des téléspectateurs. À l'issue de la soirée, deux des participants ne pourront pas suivre l'aventure de Nouvelle Star.

Vocabulaire

le monde entier *the whole world*

inoubliable *unforgettable*

les coups de gueule du jury *the jury's stark comments*

répéter *to rehearse*

la tenue *costume*

la prestation scénique *performance on stage*

mâcher ses mots *to mince one's words*

outre *as well as / on top of*

le suffrage *vote*

à l'issue de *at the end of*

Compétences

Forming questions in French

4 💡🎧 Écoutez les jugements et faites l'activité interactive.

5 💡 À deux. Vous venez de voir l'émission "Nouvelle Star". Posez les questions ci-dessous et répondez-y. (Vous pouvez inventer les détails.) (Feuille)

1 As-tu voté? Est-ce que ton candidat préféré a gagné ou perdu?
2 Est-ce que tu achèteras l'album du gagnant? Pourquoi (pas)?
3 Est-ce que tu achèteras l'album d'un candidat qui a été éliminé?
4 À ton avis, est-ce que le gagnant sera une grande star ou non?
5 Est-ce que les autres candidats seront connus dans trois ans?
6 Est-ce que tu regarderas la prochaine série de "Nouvelle Star"?

6 💡 Lisez l'interview d'un membre du jury et faites les activités interactives.

7 💡 Lisez l'interview d'une chanteuse et faites les activités sur la feuille.

8 💡 Aimez–vous regarder les émissions comme "X-factor"? Écrivez un paragraphe. (Feuille)

La musique et la personnalité

A   B   C   D   E

1 Regardez les images. Dites à votre partenaire ce que chaque personne pourrait aimer comme musique et pourquoi.

Exemple: _____

Je sais que c'est une idée stéréotypée, mais la personne A pourrait aimer la musique folk parce qu'il joue de la guitare et il porte un jean et un t-shirt. Tu es d'accord?

_____

2 Lisez les préférences de ces jeunes. Notez en anglais deux choses pour chaque artiste.

Je trouve que Yannick Noah n'a pas une voix fantastique, mais les paroles de ses chansons sont touchantes. J'adore cette émotion.

Je déteste Diam's parce que j'ai horreur du rap.
Cali est décevant dans certaines chansons. Je n'aime pas certains thèmes qu'il aborde.
Je n'aime pas beaucoup les vieilles chansons parce qu'elles n'ont aucun rythme. C'est toujours lent et mélancolique.

Je pense que les chansons, les spectacles et les clips vidéos de Mylène Farmer sont exceptionnels. Ce qu'elle fait est osé mais fantastique.

Je préfère Patrick Bruel à Johnny Hallyday. Patrick a une plus belle voix. Il est plus jeune. Je préfère son style au style rockeur de Johnny.

J'adore Georges Brassens. Avec sa guitare, cet artiste chantait des chansons qui sont toujours dans l'esprit des gens aujourd'hui.

3 💡🖥 Regardez la vidéo. Écoutez ce que chaque personne dit sur sa musique préférée et faites les activités interactives.

💡 Grammaire

The perfect tense (*le passé composé*)

Use the perfect tense to express a completed action in the past, as in English 'I played' or 'I've played' or 'did you play?' The perfect tense has two parts:

an auxiliary verb – the present tense of *avoir* or *être*:
jouer takes *avoir*   **j'ai joué** = I have played / I played
aller takes *être*   **je suis allé(e)** I have gone / I went

a past participle – for regular verbs, follow these patterns:

-er verbs: **-é**	**-ir** verbs: **-i**	**-re** verbs: **-u**
trouver: trouvé	finir: fini	vendre: vendu

Some past participles are irregular – see page 114.

With *être* verbs, the past participle needs to agree with the subject: add **-e** for feminine, **-s** for masculine plural, **-es** for feminine plural.

The imperfect tense (*l'imparfait*)

Use the imperfect tense for:

▪ general descriptions of how things were: 'she <u>was</u> sad', 'it <u>was</u> cold' – **elle était** triste, **il faisait** froid.

▪ a continuous or interrupted action in the past: 'I <u>was watching</u> TV when…' – **je regardais**…

▪ a habitual or repeated action in the past: 'I <u>used to play</u> netball' – **je jouais**…

To form the imperfect tense, take the *nous* part of that verb in the present tense, remove the **-ons** ending and add these endings:

je **-ais**	tu **-ais**	il / elle / on **-ait**
nous **-ions**	vous **-iez**	ils /elles **-aient**

4 Parlez pendant deux minutes de ce que vous savez de la musique en France.

Exemple: _____

On trouve tous les genres de musique en France.
Je connais un chanteur / une chanteuse qui s'appelle…
Je trouve que… Sa musique est… Il / Elle a une voix… Les paroles sont…

_____

5 💡 Lisez le forum et faites les activités interactives.

6 a Lisez le témoignage d'un festival, puis répondez aux questions.

> ## Témoignage
>
> Je suis arrivée avec mon amie à la gare de la Rochelle le vendredi matin. J'étais trop contente d'être là. Oui, j'étais bien prête à faire la fête. Dans les rues, tout le monde avait le sourire. La Rochelle était remplie. La foule était partout. Beaucoup de personnes étaient là pour le feu d'artifice. La musique et le feu d'artifice: un vrai son et lumière! Même si la plage était bondée, ça valait le coup, c'était grandiose!
>
> Plus tard, on s'est retournées sur l'Esplanade pour écouter le concert de Jean Louis Aubert.
>
> On s'est promenées tout le week-end. Il y avait des groupes de musique un peu partout dans la rue. Ils jouaient et chantaient bien. On est aussi allées à la plage. On s'est reposées au bord de l'eau.
>
> Dimanche soir, on est allées voir Raphaël en concert. Il a commencé par une super reprise de David Bowie. Le public était déchaîné! L'ambiance était inimaginable. Il a joué plein de chansons de son dernier album. J'ai adoré « 150 ans », « Caravane ». C'était un concert merveilleux qui s'est terminé en beauté.

1 Avec qui est-elle allée au festival?
2 Comment se sentait-elle?
3 Quel temps faisait-il?
4 Décrivez l'ambiance.
5 Quel concert a eu lieu sur l'Esplanade?
6 À part la musique, qu'est-ce que les deux amies ont fait?

b 💡 Écrivez la description d'un festival ou un concert. Relisez Témoignage, **utilisez** Compétences, **la feuille et le guide suivant:**

- quand • avec qui • où
- quel(s) groupe(s)
- quel(s) chanteur(s)
- l'organisation de la journée
- l'ambiance • opinions

Vocabulaire

le sourire *smile*
rempli *full*
la foule *crowd*
le feu d'artifice *fireworks*
bondée *jam-packed*
ça valait le coup *it was worth it*
déchaîné *wild*

Expressions clés

Je suis allé(e) au concert de… à… avec…

On est allé(e)(s) au festival de…

Nous sommes allé(e)s voir… en concert.

L'ambiance était inimaginable / merveilleux / incroyable.

C'était un concert merveilleux / inoubliable.

Il y avait beaucoup de monde / plusieurs groupes / tous mes copains.

Ils jouaient / chantaient / dansaient très bien.

🔄 Compétences

Checking work

Now you should be able to:

- understand and give short descriptions and opinions of different kinds of music
- explore trends in music and music technology
- discuss the role of reality TV and music
- explore the relationship between music and personality
- give an account of a music event

Grammar

- form and use adverbs
- use the immediate future and the future tense (revisited)
- use the perfect and imperfect tenses

Skills

- give and justify opinions
- form questions
- have strategies to check your work

💡 Résumé

1 Complétez les phrases avec un verbe au futur.

J'...... (**aller**) bientôt à un festival de musique à La Rochelle. Je ...... (**voir**) beaucoup de mes chanteurs préférés. Je ...... (**être**) là-bas pour le week-end. Je ...... (**réserver**) mes billets de train bientôt.

2 Traduisez la phrase suivante en anglais:

Les chanteurs de pop français sont de plus en plus nombreux à percer et notre langue est également présente dans le rock.

3 Cette personne parle de quel genre de musique?

« J'aime bien écouter des chansons qui bougent. Ça me met de bonne humeur. Quand je suis de mauvaise humeur, je me défoule en faisant semblant de jouer de la guitare. »

4 Complétez le texte en utilisant le bon adverbe de la case en dessous.

J'écoute ...... de la musique à la maison, mais je vais ...... en boîte parce que ...... je n'aime pas trop danser. ...... j'ai des amis qui préfèrent ça aussi.

heureusement	rarement
fréquemment	franchement

5 Mettez les mots suivants dans le bon ordre pour créer la phrase d'un membre du jury:

Julien! le te pas. Bravo, que ne lâchera Espérons public

6 Formulez une question pour chaque réponse:

a « Mon juge préféré, c'est mon père. »

b « Si je gagne, je vais remercier tout d'abord ma famille. »

c « Je ferai le maximum pour gagner mais si je ne réussis pas, je reprendrai mes études. »

7 Réécrivez le texte, en utilisant l'imparfait ou le passé composé pour les verbes soulignés.

J'arrive à la gare de Montauban et je suis ravi(e) d'être là. Je veux vraiment faire la fête. Il fait un temps superbe et la foule est partout. En plus, tout le monde a le sourire.

8 Faites une phrase au passé avec les mots suivants (dans cet ordre). Changez la forme des mots si nécessaire.

Nous + aller + voir + concert + super + le public + être + déchaîné

9 Complétez le texte avec la bonne forme des verbes à l'imparfait.

Beaucoup de personnes ...... (**être**) là pour le feu d'artifice. Il y ...... (**avoir**) des groupes de musique un peu partout dans la rue. Ils ...... (**jouer**) et ...... (**chanter**) bien.

10 Complétez la phrase (au moins trois choses):

« Pour moi, la musique est un phénomène de mode. Je cherche donc des magasins de fringues rock, où on peut acheter... »

AQA Examiner's tips

Listening

If you don't immediately **recognise a word**, don't panic. Listen to the whole phrase and try to work out its meaning.

Speaking

Mention **general views on the topic** as well as your own. This will give you more to say.

Reading

Underline key words and make notes in the margin. This will help once you start to answer the questions.

Writing

A good principle is to **state an idea or opinion** and then **develop** it with examples that successfully justify or explain it.

La culture populaire

6 La mode et l'image

By the end of this chapter you will be able to:

	Language	Grammar	Skills
A Victime de la mode?	■ talk about fashion and its influences ■ discuss changes of image	■ use irregular verbs in the present and perfect tense (revisited) ■ use possessive adjectives	■ give and justify opinions
B Le mode de vie et les loisirs	■ discuss consumerism and the power of buying ■ discuss shopping as a leisure activity	■ use the imperfect tense (revisited) ■ use demonstrative adjectives and pronouns	■ plan essays
C Le culte de la célébrité	■ discuss reactions to celebrity ■ talk about the life of a celebrity	■ use direct and indirect speech ■ recognise the subjunctive	■ express extreme reactions

Le saviez-vous?

Is the situation described below one that you recognise in any way?

Le budget moyen de l'ensemble des jeunes de 11 à 17 ans se situe entre 50 € et 75 € par mois. Il provient essentiellement de trois sources: l'argent de poche, les cadeaux et gratifications diverses, et les petits boulots.

On a constaté que les filles ont, dans l'ensemble, une vision plus réaliste du budget familial que les garçons, plus influencés quant à eux, par exemple, par le salaire des vedettes du sport. Les femmes de demain seront-elles les maîtresses des comptes en banque? Non: les garçons s'y mettent aussi, c'est juste un peu plus tardif, c'est tout...

Pour commencer

1 Qu'est-ce que c'est, la taille zéro?
   a a diet
   b a term for the fashion industry
   c anorexia

2 Qu'est-ce que c'est, les fringues de marque?
   a marks on the body
   b costume jewellery
   c clothes with a fashion label

3 Cherchez l'intrus:
   a le lèche-vitrine
   b les mannequins
   c les vendeuses

4 Qui est votre célébrité préférée?

5 Est-ce que vous aimeriez acheter ces baskets? Pourquoi, ou pourquoi pas?

Ça fait bien longtemps que les baskets ne nous servent plus uniquement à faire du sport. Elles sont devenues un véritable accessoire de mode. La basket nouvelle génération!

A Victime de la mode?

Expressions clés

Tactful criticism

Ça te va bien mais…

J'aime beaucoup ton pull mais…

je préfère ta veste noire.

la couleur est un peu trop vive / fade.

je t'aime mieux en bleu marine / en jupe.

je dirais que les bottes vont mieux avec ça.

Hint: be tactful – start with a compliment, then suggest an improvement.

💡 Grammaire

Possessive adjectives

Make sure you know the possessive adjectives, i.e. how to say 'my', 'your', 'his', 'her', 'our', 'their'. Remember that they change according to the noun which follows.
See page 112.

1 Lisez les commentaires sous les photos, puis donnez votre opinion sur une des personnes comme si c'était un(e) ami(e).

2 a Lisez les textes de Catherine, Julie et Danièle. Lisez les phrases 1–8: c'est qui?

1 Elle met les vêtements dont elle a envie parce qu'elle se fiche de la mode.

2 Elle dépense beaucoup puisqu'elle fait souvent du shopping.

3 Elle suit la mode de près et elle suit la mode en recherchant d'abord les nouvelles tendances.

4 Elle trouve le shopping fatigant.

5 Le style femme d'affaires lui plaît bien.

6 Elle s'habille d'une manière très réfléchie, puisqu'elle fait très attention aux couleurs et aux détails.

7 Elle essaie d'avoir un look glamour tout en étant élégante.

8 Ce ne sont pas les vêtements qui comptent mais la personne.

« Il faut faire attention à ne pas mettre trop de jaune. Il vaudrait mieux mettre une couleur plus foncée. »

« Tu as tendance à mettre des baskets trop colorées. Ça va assez bien avec ta petite jupe, mais je t'aime mieux en jean. »

---

1 Style classique: Catherine

Je ne suis pas vraiment la mode, mais j'aime être élégante. Dans ma garde-robe le noir et le blanc dominent. Les couleurs qui flashent: très peu pour moi! Je fais très attention aux styles de mes chaussures. Je me sens bien dans ce que je porte; élégante mais pas extravagante. Pour aller au travail ou pour sortir entre amis, j'aime ce style femme d'affaires, classique mais confortable.

2 À la mode: Julie

Je suis une vraie fan de la mode. J'achète deux magazines de mode par semaine. J'adore voir quelles sont les dernières tendances. Il est impensable pour moi de sortir sans que mes vêtements ne soient coordonnés à mes chaussures, mon sac à main, mes accessoires de mode (lunettes de soleil, ceinture …). J'adore faire du shopping. Je rêve de ressembler à Kate Moss, Sarah Jessica Parker, Paris Hilton… Comme toutes les autres filles, je veux leur ressembler et avoir le même sac, le même top… Je suis une vraie victime de la mode.

3 Désintéressée: Danièle

Le monde de la mode ne n'intéresse pas du tout. Les gens qui font attention à ce qu'ils portent, je les trouve superficiels. Moi, ce que je porte reflète ma personnalité, mes envies, mes humeurs… Après une longue journée, j'enfile mon vieux survêtement et mes vieilles baskets. Je n'achète que des jeans et des vêtements pas chers. L'essentiel, c'est de me sentir bien dans ce que je porte.

2 b Expliquez en cinq phrases et en anglais ce que dit Julie (page 50).

c Êtes-vous comme Danièle (page 50)? Écrivez en français votre réponse en 50 mots. Utilisez le texte de Danièle comme modèle.

3 💡🎬 La taille zéro et les tatouages: regardez et écoutez la vidéo et faites les activités interactives.

4 💡 Test interactif: « Es-tu une victime de la mode? »

5 💡 Travail de groupe: lisez le paragraphe, puis mettez les idées ci-dessous en ordre d'importance. Expliquez vos décisions. (Feuille)

C'est l'âge des copains. Aujourd'hui les groupes d'amis tendent à se développer en "tribus". On veut plaire à ses amis. Pour certains, selon les groupes, être à la mode peut être important: pour d'autres, on préfère se sentir à l'aise dans ses vêtements. Peut-être que le but est d'avoir un look qui choque ou tout simplement, on veut montrer qu'on a acheté le dernier accessoire à la mode.

Voici des choses qui pourraient influencer un look:
- Les émissions de télé
- Les films
- Ce qu'on aime manger
- La mode
- Le sport
- Les groupes de musique, les chanteurs et les chanteuses

Exemple: _____

J'ai mis "la mode" tout en haut parce qu'à mon avis, c'est l'influence la plus importante: il faut suivre la mode et c'est un signe clair qu'on appartient à un groupe...

---

6 💡 Répondez aux questions et donnez votre opinion. Justifiez votre réponse. (Feuille)

1 Quand vous vous habillez le matin, est-ce que vous voulez plaire à vos amis?

2 Est-ce que vos vêtements sont le reflet de votre personnalité?

3 Quelle est votre tenue vestimentaire préférée à la maison, et quand vous sortez?

4 Est-ce que vos amis influencent facilement votre choix de vêtements?

5 Est-ce que vous êtes influencé(e) par les média?

6 Êtes-vous influencé(e) par d'autres choses?

Expressions clés

Je suis* une vrai fan de la mode.

Le monde de la mode ne m'intéresse pas du tout.

Je ne suis* pas vraiment la mode.

J'aime être (élégante).

Je fais très attention (aux styles de mes chaussures).

Je me sens bien dans ce que je porte.

J'adore faire du shopping.

Je rêve de ressembler à…

Je n'achète que des jeans et des vêtements pas chers.

*je suis: *from* être, *I am*
 je suis: *from* suivre, *I follow*

💡 Grammaire

Irregular verbs in the present and perfect tense

You need to know by heart common irregular verbs in the present tense and also their past participle so that you can use the perfect tense.

Check on pages 122–3.

Le mode de vie et les loisirs

Expressions clés

Je reçois… livres par mois / par semaine / Mon père me donne…

Je gagne… / Je travaille…

Je dépense… et j'économise…

Ma mère m'achète… / Mes parents m'achètent… / J'achète ….

Oui, ça suffit, parce que… / Non, j'aimerais en recevoir plus parce que…

Vocabulaire

virer au cauchemar *to turn into a nightmare*

plus dépensiers *bigger spenders*

accro *hooked*

une bricole qui ne servait à rien *a little thing that was of no use*

errer *to wander*

le surendettement *excessive debt*

l'effet dévastateur *harmful effect*

acquérir de la puissance *to acquire power*

voire *indeed*

1 Posez les questions ci-dessous à un partenaire. Notez ses réponses et puis faites un résumé.

1 Combien d'argent reçois-tu par semaine?

2 Est-ce que tu gagnes de l'argent?

3 Combien dépenses-tu chaque semaine?

4 Qui achète tes vêtements?

5 À ton avis, reçois-tu assez d'argent?

6 Selon toi, quels sont les problèmes liés à l'argent?

2 a Lisez l'article sur la fièvre acheteuse. Reliez les deux parties des phrases.

1 Les plaisirs du shopping…   a dépensent leur argent dans des équipements informatiques ou des voitures.

2 Certains aiment…

3 Nathalie n'achète…   b provoquer des effets néfastes.

4 Elle allait…   c ne servait pas à grand-chose.

5 Ce qu'elle achetait…   d touchées que les hommes.

6 Avoir la "fièvre acheteuse" peut…   e plus comme avant.

   f dépenser beaucoup plus que d'autres.

7 Les femmes sont plus…   g de magasins en magasins.

8 Quant aux hommes, ils…   h peuvent devenir catastrophiques parce que les dépenses peuvent être très importantes.

La société de consommation est un phénomène qui a débuté dans les années 50. Tout le monde rêve de gagner de l'argent et de devenir riche. Un des loisirs très répandus dans la société de consommation, c'est le shopping. Les joies du shopping cependant peuvent virer au cauchemar et acheter peut devenir une addiction.

Question shopping, nous ne sommes pas tous égaux, certains sont plus dépensiers que d'autres. L'affaire devient sérieuse lorsque l'on devient "accro". Nathalie, ancienne acheteuse compulsive, explique: « Je ne pouvais pas repartir d'un magasin les mains vides. J'avais besoin d'acheter même une bricole qui ne servait à rien. J'errais de boutique en boutique et je dépensais des sommes folles. C'était comme de la boulimie. » Nathalie sait maintenant doser et équilibrer son budget.

Moins connue que les dépendances alimentaires ou toxiques, la fièvre acheteuse a des effets dévastateurs pouvant aller du surendettement jusqu'au suicide.

Le phénomène est plus fréquent chez les femmes. Elles achètent, en grande quantité, des objets comme: vêtements, maquillage, chaussures… Les hommes, quant à eux, cherchent à acquérir de la puissance et leurs achats sont plus conséquents: équipement informatique, hi-fi voire voitures.

b Trouvez les mots et expressions synonymes dans le deuxième paragraphe de l'article.

- on n'est pas tous pareil • grave • quand
- il me fallait • gérer un budget

3 a Avant d'écouter trois femmes parler des soldes, que veulent dire ces expressions en anglais?

1 Je regarde le planning pour connaître le jour des soldes.
2 faire l'ouverture dès 8h 00 du matin
3 Mes filles ne manqueraient jamais les soldes.
4 ma bague de fiançailles
5 En matière de soldes, il ne faut pas être pressée.
6 les magasins hors de mes moyens

b 🖥️🎧 Écoutez Sandrine, Louise et Catherine parler des soldes et faites les activités interactives.

4 💡 À deux: dialogue dans un magasin de vêtements. (Feuille)

5 💡 « Quatre quartiers de Paris pour une balade lèche-vitrines »: lisez et faites les activités interactives.

6 Lisez ce que dit Marie. Puis posez les questions 1–6 à votre partenaire.

Quelle est votre faiblesse? La mienne*, c'est que je suis plutôt dépensière. Dès que j'ai un peu d'argent je veux acheter des trucs. J'ai toujours besoin de quelque chose, un petit haut sympa, des fringues, des chaussures qui vont avec. Mais c'est vrai, c'est un entraînement qui peut être dangereux. Quand je veux acheter quelque chose je préfère me balader en ville, j'ai horreur des centres commerciaux. Mais je fais attention, je ne veux pas tomber dans le piège du crédit. Je ne veux pas être endettée. Je viens de commencer à travailler le samedi et j'essaie de mettre un peu d'argent de côté et comme ça, je peux m'offrir des bricoles.

* la mienne *(mine) is a possessive pronoun: see page 112*

1 Tu aimes dépenser de l'argent?
2 Où est-ce que tu aimes faire des courses pour les vêtements?
3 Décris les différents endroits pour faire les courses là où tu habites.
4 Tu as des astuces pour faire de bonnes affaires?
5 Quelle est le plus bel article que tu aies acheté lors des soldes?
6 Décris un problème lié à l'argent.

7 💡 Comment expliquez-vous le phénomène de la fièvre acheteuse? (Feuille)

💡 Grammaire

Demonstrative adjectives and pronouns

In French, the words for 'this' or 'that' are:
ce, cet (before a vowel or mute 'h'), *cette, ces*.

Je voudrais **ces** chaussures. *I'd like **these/those** shoes.*

To be more precise, add **-ci** or **-là** after the noun:
Je voudrais **ce tee-shirt-ci**. *I'd like **this t-shirt here**.*
Je voudrais **ces chaussures-là**. *I'd like **those shoes there**.*

If you do not want to repeat the word for the noun, you can use a demonstrative pronoun instead to say 'this one' or 'that one':
Je voudrais **celles-là**. *I'd like **those ones there**.*

More on these in unit 10; see also page 111.

Expressions clés

Je suis dépensier/ière.

Dès que j'ai un peu d'argent, je veux acheter des trucs.

Je préfère faire des courses en ville / dans les centres commerciaux.

Je ne veux pas être endetté(e).

Je viens de commencer à travailler le samedi.

J'essaie de mettre un peu d'argent à côté.

Je me suis trouvé(e) (une veste en cuir) soldée à 50%.

🔧 Compétences

Writing skills: planning an essay

💡 Grammaire

The imperfect tense – *l'imparfait*

You met the imperfect tense used to describe a past event on page 47. Another common use of the imperfect is to talk about habitual or repeated actions in the past. In English the phrases we use for these purposes are 'I used to...', 'I was buying ...', 'I would be unable / I could not leave without...'

To revise the imperfect tense, see page 114.

Le culte de la célébrité

Expressions clés

Je lis régulièrement / de temps en temps / rarement / quelquefois....

Je m'intéresse beaucoup / énormément / peu à la vie des gens célèbres.

J'achète un magazine par semaine / par mois.

J'ai suivi l'histoire de… Je ne suis pas particulièrement la vie privée des gens célèbres.

Si une histoire fait la une, je suis au courant de ce qui se passe.

Les derniers potins sur les gens célèbres ne m'intéressent pas du tout.

Vocabulaire

se priver de quelque chose
to deprive oneself of something

tiré au sort *picked at random*

chapeauté *wearing a hat*

une baguette *wand*

être sur le point de + inf. *to be about to do something*

1 Posez ces questions à votre partenaire, puis offrez un jugement sur l'importance de la célébrité pour votre partenaire.

Es-tu accro aux gens célèbres?

1 Lisez-vous régulièrement la presse à scandale?
2 Achètes-tu un hebdo sur les gens célèbres?
3 As-tu suivi l'histoire personnelle de quelqu'un de célèbre récemment?
4 Parles-tu souvent des derniers potins des gens célèbres?

hebdo, hebdomadaire *weekly magazine*
les potins *gossip*

2 a Lisez l'article sur deux personnes célèbres. Puis lisez les phrases 1–7 et répondez vrai ou faux.

1 Les médias s'intéressent énormément aux gens célèbres.
2 Les médias respectent la plupart du temps la vie privée des gens célèbres.
3 La vie des gens célèbres peut faire marcher le commerce.
4 J.K. Rowling est connue par relativement peu de gens.
5 L'auteur est venue déguisée.
6 Dans l'histoire de Harry Potter, Emma Watson travaille avec application.
7 Emma Watson recevrait une somme énorme si elle devenait la représentante de la maison Chanel.

b Faites un résumé de l'article en anglais, en 50 mots maximum.

Le culte de la célébrité

Les médias ne se privent pas de tout raconter. Ils veulent qu'il n'y ait* pas de frontière entre la vie privée et la vie publique. Bien sûr, cela fait vendre les magazines, les journaux et d'autres produits, et aussi les gens célèbres sont payés par les médias.

J. K. Rowling, l'auteur de la plus célèbre des sagas pour petits et grands, a lu le début de son septième livre à 500 fans tirés au sort en juin 2007. Chapeautés, avec capes et baguettes, ils étaient venus excités au musée d'histoire naturelle de Londres où attendait l'écrivain le plus riche de Grande-Bretagne.

Emma Watson, qui interprète le rôle de la très têtue et studieuse Hermione dans la saga Harry Potter, serait sur le point de devenir l'une des nouvelles représentantes de la maison Chanel pour la somme de deux millions d'euros. Emma Watson rejoindrait ainsi les nombreuses stars qui ont été les ambassadrices de Chanel comme Vanessa Paradis, Kate Moss ou plus récemment Keira Knightley.

* ait *is a subjunctive form of* avoir:
see Compétences *and page 116*

3 💡 Êtes-vous d'accord avec les opinions (1–5) sur la célébrité? (Feuille)

1 C'est plus intéressant quand il n'y a pas de frontière entre la vie publique et la vie privée des gens célèbres!

2 On devrait s'intéresser à la vie des gens célèbres!

3 C'est bien quand on donne une somme énorme aux gens célèbres pour avoir le droit de rendre public un peu de leur vie privée.

4 Ce que J.K. Rowling a fait pour son pays est très important et elle mérite d'être célèbre.

5 Emma Watson ne devrait pas se lier à la maison Chanel.

4 a 🎧 Écoutez ce que les vedettes sont prêtes à faire pour être adulées. Quelle procédure de la liste n'entre pas dans la conversation?

rajeunir   maigrir   se faire coiffer   se faire injecter du botox
faire de l'exercice   la chirurgie dentaire   la chirurgie esthéthique

b Faites un résumé de la conversation en anglais (90 mots maximum).

5 Lisez le texte et puis prenez des notes selon le guide suivant. Racontez à votre partenaire ce que vous avez noté.

- Pourquoi il est célèbre
- Détails de la série télévisée
- Les problèmes de Jack
- La situation actuelle de Jack
- La conclusion du texte
- Le problème posé par le texte

Riche et ados

Jack Osbourne est célèbre, comme son père, et il fait partie des adolescents les plus riches du monde. Si vous avez vu la série télé The Osbournes, vous connaissez leur vie de famille très originale. Avec son père, sa mère, sa sœur Kelly, Jack a vécu trois ans devant les caméras de télévision. Jack n'a pas toujours été très heureux, il prenait de la drogue et buvait trop d'alcool. On a dit aussi qu'il était très paresseux et qu'il avait des problèmes de poids. Maintenant il a beaucoup maigri et il veut rester en forme. La vie pour quelqu'un comme lui, riche et célèbre, est souvent compliquée par leur fortune. Beaucoup d'argent veut dire aussi beaucoup de responsabilités. Avoir une fortune, est-ce que c'est une super chance ou un cadeau empoisonné?

6 💡 Faites le mini-test interactif: « Serais-tu un bon millionnaire? »

7 💡 Répondez aux questions sur la feuille et donnez votre opinion.

8 💡🎧 Écoutez les questions et les réponses modèles. Enregistrez vos réponses aux questions puis écoutez. (Feuille)

🔷 Compétences

Expressing extreme reaction, using phrases with the subjunctive

Sharon Stone

💡 Grammaire

Direct and indirect speech

Direct speech is used for the actual words being said; they often appear within speech marks.
« Je suis très paresseux. »
"I am very lazy."

Indirect speech is when someone's words are taken and reported:
On a dit qu'il était très paresseux. *They said that he was very lazy.*

Verb tenses have to change when you use indirect speech: present to imperfect, and future to conditional.

See *Grammaire* pages 117–8.

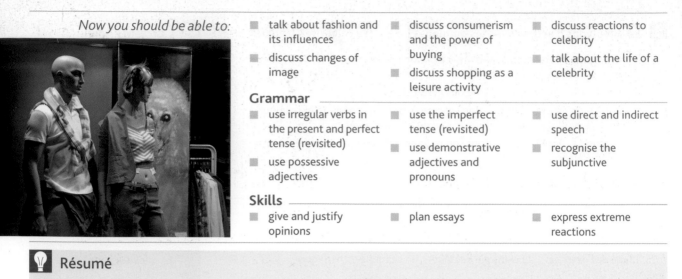

Now you should be able to:

- ■ talk about fashion and its influences
- ■ discuss changes of image
- ■ discuss consumerism and the power of buying
- ■ discuss shopping as a leisure activity
- ■ discuss reactions to celebrity
- ■ talk about the life of a celebrity

Grammar

- ■ use irregular verbs in the present and perfect tense (revisited)
- ■ use possessive adjectives
- ■ use the imperfect tense (revisited)
- ■ use demonstrative adjectives and pronouns
- ■ use direct and indirect speech
- ■ recognise the subjunctive

Skills

- ■ give and justify opinions
- ■ plan essays
- ■ express extreme reactions

💡 Résumé

1 Complétez les phrases avec la bonne forme du verbe: le passé composé ou l'imparfait.

Le week-end dernier, ma sœur …… (**décider**) d'aller en ville pour chercher des baskets. Elle …… (**vouloir**) acheter des baskets en jaune puisque c'est sa couleur préférée. Elle ne …… pas (**pouvoir**) trouver de baskets donc elle …… (**prendre**) un jean à motifs.

2 Traduisez la phrase suivante en anglais.

Angelina réfléchit, elle a des convictions, elle se bat pour des causes et elle y croit tellement qu'elle les fait marquer sur sa peau.

3 Complétez le texte en utilisant la bonne forme de l'adjectif possessif.

Il est impensable que je sorte sans …… accessoires comme par exemple …… beau collier. Mais toi, c'est l'inverse, tu es contente de sortir avec …… vieille jupe. Tu es comme …… sœur, elle met toujours …… vieux pull!

4 Complétez la phrase suivante:

La fièvre acheteuse, c'est quand…

5 Mettez les mots suivants dans le bon ordre pour faire une phrase.

deux sont par fièvre filles Les acheteuse, car plus elles que particulièrement dépensent fois les garçons. touchées la

6 Êtes-vous dépensier ou dépensière?

7 Transformez ce que les personnes disent au discours indirect (*indirect speech*).

Anne: « Je ne sais pas quand David Beckham va rentrer des États-Unis. » Anne a dit…

Sophie: « Qu'est-ce qu'il fait là-bas? » Sophie a demandé…

8 Complétez la phrase suivante.

« À mon avis, la chirurgie ésthétique est… »

9 Choisissez la bonne forme du subjonctif:

Il est quand même honteux que les célébrités (**puisse/puissent**) gagner de grosses sommes d'argent. Mais je dois dire que je suis étonné qu'il n'y (**ait/aie**) pas de lois pour protéger la vie privée des célébrités. Il est inevitable que la vie (**soit/sois**) compliquée par les paparazzi.

10 Faites une phrase avec les mots suivants. Choisissez la forme correcte du mot si nécessaire. Ajoutez tout ce que vous voulez.

Je + ne pas + s'intéresser + les gens + célèbre + ou + dernier + potins + je + lire + le journal à scandale

AQA Examiner's tips

Listening
Watch out for words that **sound very similar but have different meanings**. Use the general sense of the passage to choose the correct one.

Speaking
Your opinions and views themselves are not being judged, but your French speaking skills are. Aim to **express yourself** as **accurately** as possible.

Reading
Pay attention to **figures** in the text. They may be required in your answers.

Writing
'For and against' questions can be planned by organising your ideas on a blank page in two columns: *pour* and *contre*.

Une vie saine

7   Le sport

By the end of this chapter you will be able to:

	Language	Grammar	Skills
A **Les sports traditionnels et les sports nouveaux**	■ talk about traditional sports and preferences ■ discuss fun sports such as rollerblading	■ use the preposition *depuis* ■ use *venir de* ■ use the pluperfect tense	■ use indirect speech
B **Pourquoi fait-on du sport?**	■ discuss the reasons for taking part in sport and other forms of physical exercise	■ use negative forms ■ recognise the past historic tense	■ recognise "faux amis"
C **Les bienfaits du sport**	■ examine the links between physical exercise and health	■ revise the future tense	■ tackle gap-filling exercises

Le saviez-vous?

L'équipe nationale de football française a remporté la Coupe du monde en 1998. Le tournoi s'est déroulé en France et le Stade de France a été construit pour cet événement.

La course cycliste la plus célèbre du monde, le Tour de France, a lieu tous les ans en été. Les Français suivent avec grand intérêt les progrès des participants. La course se termine à Paris sur les Champs Élysées.

Les 24 heures du Mans, la course automobile célèbre, a lieu en juin. C'est une épreuve d'endurance qui accueille des visiteurs du monde entier.

Pour commencer

Choisissez la bonne réponse:

1 Combien de jours dure le Tour de France?
- a 22 jours
- b 32 jours
- c 42 jours

2 De quelle couleur est le maillot porté par le vainqueur du Tour de France?
- a bleu   b jaune   c rouge

3 En quelle année ont commencé les 24 heures du Mans?
- a 1913   b 1923   c 1933

4 Les parents de Zinédine Zidane, le célèbre footballeur français, sont d'origine…
- a algérienne
- b tunisienne
- c canadienne

5 Le tournoi de Roland Garros est un tournoi de…
- a foot
- b golf
- c tennis

A — Les sports traditionnels et les sports nouveaux

la natation
le cyclisme
la Formule 1
l'athlétisme
le rugby
la pétanque

1 Choisissez un sport pour chacun des titres suivants.

1 La rélégation d'Agen expliquée par leur entraîneur: « Depuis février, les joueurs de l'équipe s'imaginent en vacances! »

2 Lors des finales régionales un coureur américain a signé la meilleure performance de la saison sur 200m

3 50m papillon: nouveau record pour un jeune Français

4 Le jeune pilote surdoué partira en pole position

5 Suite à un long contre la montre individuel, le Canadien enfile le maillot jaune

6 Tournoi place du marché dimanche 2 avril: venez nombreux!

Flora   *Ghislaine*   *Yann*

Sophie   *Éric*

2 a 🖥️🎧 Écoutez des jeunes qui parlent du sport et faites les activités interactives.

b 🎧 Réécoutez. Qui…

1 n'aime plus les sports collectifs?
2 aime faire des promenades?
3 apprécie le calme de la campagne?
4 n'a pas les moyens financiers de pratiquer son sport préféré?
5 participe aux compétitions dans son sport?
6 pratique un sport traditionnellement masculin?

3 💡 Posez des questions à vos copains et dressez trois listes (Feuille):

* des sports pratiqués maintenant
* des sports pratiqués dans le passé
* des sports qu'on voudrait pratiquer

Exemple: _____

– *Tu fais quels sports en ce moment?* – Je joue au football dans une équipe. Je joue deux fois par semaine et je joue un match le week-end.

– *Tu faisais quels sports quand tu étais plus jeune?* – Quand j'étais plus jeune, je nageais deux fois par semaine dans un club.

– *Quels sports est-ce que tu voudrais faire?* – Je voudrais faire du ski nautique parce que c'est rapide et c'est passionnant.

4 💡 Écrivez un paragraphe sur votre activité sportive préférée. (Feuille)

Qu'est-ce que vous faites?   Où et avec qui?
Combien de fois par mois?   Quels sont les avantages de ce sport?
Et quels en sont les inconvénients possibles?

Expressions clés

J'aime faire (la pêche).
Ma passion, c'est (le vélo).
Je participe (à des compétitions).
Je préfère les sports collectifs / les sports individuels.
Je joue au tennis depuis l'âge de (8) ans.
On peut pratiquer (la randonnée) en groupe ou individuellement.
Quand j'étais plus jeune, je jouais au (basket).
Je voudrais (faire du ski / jouer au squash).

5 💡 Lisez le texte sur le roller et faites les activités interactives. (Feuille)

6 a Lisez le texte sur le parkour et les phrases 1–7. Vrai, faux ou information non donnée?

« Ce que j'aime dans le parkour: l'adrénaline et le dépassement de ses limites »

Le parkour (également appelé FreeRunning) est l'art de se déplacer sans avoir à s'arrêter en rencontrant des obstacles ou objets, avec pour seul force celle du corps humain. C'est un sport extrême qui peut être dangereux sans la preparation mentale et physique nécessaire.

Edwin a 17 ans. Il pratique l'art du déplacement urbain, plus souvent appelé «parkour».

Pouvez-vous nous expliquer en quoi consiste le «parkour»?

Le parkour, c'est l'art du déplacement. Ça consiste à partir d'un point A pour arriver à un point B. Donc tout le monde peut faire du parkour! Cela peut aller de sauter une barrière à sauter d'un immeuble à un autre.

À quel âge avez-vous commencé cette activité? Comment l'avez-vous découverte?

Je saute un peu partout depuis que je suis tout petit mais j'ai su ce qu'était le parkour à l'âge de 16 ans. C'est à ce moment-là que j'ai commencé à travailler dur pour atteindre le niveau que j'ai actuellement. J'ai maintenant 17 ans mais il me reste encore beaucoup de boulot.

Qu'est-ce qui vous plaît dans le parkour?

Ce que j'aime dans le parkour, c'est l'adrénaline, la compétition avec soi-même, le dépassement de ses limites et l'amitié. Car le parkour est une grande famille où tous les traceurs (pratiquants du parkour) s'entendent bien.

Que conseillez-vous à ceux qui voudraient faire pareil?

Une bonne alimentation est importante. Et pour la suite, inventez vos propres mouvements ou empruntez ceux que vous voyez sur les vidéos des autres!

Pour vous, c'est un vrai sport?

Non, car dans un sport, il y a des règles à respecter. Là, c'est plutôt anarchique, il n'y a aucune règle.

Où pratiquez-vous le parkour? Faites-vous cela seul ou en groupe?

Essentiellement à La Défense à Paris. C'est un endroit où il y a de bons obstacles et ils sont nombreux. Et je pratique le parkour maintenant en groupe avec des amis.

1 Edwin pense que le parkour est accessible à tout le monde.
2 Il croit qu'il ne peut pas progresser plus dans le parkour.
3 Il n'y a pas beaucoup de contact humain dans ce sport.
4 Il faut manger bien si on veut pratiquer ce sport.
5 Il s'est blessé plusieurs fois en pratiquant le parkour.
6 Il est essentiel de respecter les règles.
7 Généralement, Edwin pratique le parkour seul.

b Relisez le texte et répondez aux questions. Commencez chaque réponse par: *Il a dit que/qu'*… (Voir Compétences et Feuille)

1 Comment a-t-il commencé ce sport?
2 Qu'est-ce qu'il aime dans le parkour?
3 Qu'est-ce qu'il a dit pour conseiller les autres?
4 Qu'est-ce qu'il a dit au sujet des règles?
5 Qu'est-ce qu'il a dit au sujet de l'endroit où il pratique le parkour?

7 Préférez-vous les sports traditionnels ou les sports nouveaux? Justifiez vos opinions. Écrivez un paragraphe.

🔑 Compétences

Indirect speech and the pluperfect tense

💡 Grammaire

venir de
Je **viens de** me mettre au judo. Elle **vient de** gagner le championnat du monde.

The above phrases use the present tense of *venir de* and an infinitive to express the idea of 'having just done' something. See page 120.

depuis
Je **vais** à la pêche depuis l'âge de huit ans. *I've been going fishing since the age of eight.*

Note that in French the **present tense** is used with *depuis*, to convey the idea that the activity is still going on. See page 120.

Pourquoi fait-on du sport?

1 💡🎧 La popularité des sports: écoutez et faites les activités interactives.

2 Lisez le texte et répondez aux questions en français.

Actuellement, la pratique sportive est plus répandue en France, facilitée par l'augmentation spectaculaire du temps libre et du pouvoir d'achat.

On voit dans la pratique sportive une habitude de vie saine. Les Français sont sensibles aux questions de santé et ils manifestent un désir de vivre longtemps et de rester en bonne santé. Mais le sport est aussi un moyen de développement personnel. Il y a la volonté de gagner et de réaliser un but personnel pour certains et le désir de supporter le stress de la vie moderne pour d'autres. Généralement, on cite trois raisons de faire un sport: la principale raison est de se détendre, mais il y a ceux qui veulent profiter de la nature ou partager des moments de convivialité avec les autres.

Le sport est favorisé par la technologie qui permet d'inventer de nouvelles activités telles que le jet-ski, le deltaplane et la planche à voile. Les jeunes sont influencés par les médias et les marques de vêtements. La télé était à l'origine du succès du tennis dans les années 80, par exemple.

On remarque quatre tendances actuellement: la montée de l'individualisme (les sports individuels comme le tennis et la gymnastique), le goût de la vitesse et du danger (le deltaplane et le motonautisme), les activités qui permettent de se rapprocher de la nature (la randonnée, la spéléologie) et finalement on observe l'influence américaine dans le développement du basket, du patin en ligne ou du snowboard.

Vocabulaire

répandu *widespread*

le pouvoir d'achat *disposable income*

la vie saine *healthy lifestyle*

la volonté *will, desire*

supporter *to endure, to bear*

citer *to quote, to mention*

se détendre *to relax*

le deltaplane *hang-gliding*

la planche à voile *wind surfing*

la spéléologie *pot-holing, caving*

Expressions clés

C'est un sport qui* encourage la discipline / l'esprit d'équipe

C'est un sport dans lequel* on s'amuse beaucoup / on peut rencontrer les autres

Ce sport est bon pour ceux qui veulent garder la forme

*qui *and* lequel *are relative pronouns:* see page 110

1 Pourquoi est-ce que la pratique sportive en France est devenue plus répandue? Donnez deux raisons.

2 Comment est-ce que le sport peut contribuer au développement personnel?

3 À part la détente, quelles sont les raisons citées par les Français pour pratiquer un sport?

4 Qu'est-ce qui encourage les jeunes à faire du sport?

5 Comment explique-t-on la popularité du tennis en France?

6 Pourquoi est-ce que la gymnastique est devenue plus populaire récemment?

7 Qu'est-ce qui explique la popularité de la randonnée?

3 💡 À deux, recommandez un sport pour chacune des catégories suivantes et justifiez votre choix (Feuille):

- un sport individuel
- un sport collectif
- un sport pour se détendre
- un sport dangereux

Exemple: _____

Comme sport individuel, je recommande la gymnastique. C'est un sport ouvert à tous. On n'a pas besoin de beaucoup de matériel et on peut s'entraîner quand on veut. C'est bien pour garder la forme.

4 a 💡🎧 Écoutez les interviews et faites l'activité interactive.

b 🎧 Réécoutez et choisissez les cinq phrases qui sont vraies.

1 Nathalie aime participer à des compétitions.

2 Elle essaie constamment d'améliorer ses performances sportives.

3 Thibault aime gagner, lui aussi.

4 Jean-Jacques fait du sport parce que c'est bon pour la santé.

5 Il ne fait qu'un seul sport.

6 Salma aime les sports extrêmes.

7 Elle a déjà fait du parachutisme.

8 Irène fait du sport pour être sociable.

5 a Lisez le texte et répondez aux questions en anglais.

Témoignage d'un supporteur

Je me présente. Je m'appelle Loïc Demoules. Je suis supporteur du RC Lens depuis mon enfance. C'est un vrai plaisir pour moi d'assister aux matchs du championnat de France dans le superbe stade Félix-Bollaert. Ma motivation n'est pas vraiment de voir gagner «mon» équipe – même si c'est agréable quand cela arrive – mais plutôt d'être membre d'un groupe, d'une famille, et d'avoir ce sentiment d'appartenance. Il y a bien sûr des signes de cette appartenance: les vêtements que je porte, aux couleurs de l'équipe, les réunions au café avant et après les matchs.

Pendant le match je ne me sens pas seulement spectateur mais aussi acteur. Je ressens des sentiments forts, je peux me défouler. Malheureusement ces sensations fortes mènent quelquefois à des comportements regrettables de la part de certains: insultes ou même violences. Mais les grands matchs représentent des moments forts de la vie collective. La réussite de l'équipe est une chose importante. Lens a été champion de France en 1998 et je n'oublierai jamais l'émotion. Après le dernier match de la saison, on s'est retrouvés dans les rues pour fêter l'événement dans une joie sincère. J'étais fier d'être là.

1 How long has Loïc been a supporter of Lens?

2 What is his motivation in supporting the team?

3 How does his allegiance to the team manifest itself?

4 How does he feel during a match?

5 What is the downside of this, according to Loïc?

6 How did the fans celebrate the team's success in 1998?

7 How did Loïc feel?

b 💡 Relisez le texte et faites l'activité interactive.

6 💡 Êtes-vous supporter d'une équipe? Qui est votre joueur préféré? Écrivez un paragraphe dans lequel vous parlez du sport que vous suivez ou du joueur que vous admirez. (Feuille)

💡 Grammaire

Negatives

« Je ne fais pas de sport. »
– **ne … pas** is the basic way of making a verb negative, but there are other negative expressions. (See page 119.)

ne … plus *no more, no longer* Je ne fume plus.

ne … jamais *never* Je ne joue jamais au rugby.

ne … rien *nothing* Elle ne fait rien.

ne … personne *no-one* Il n'aime personne.

In the perfect tense, a negative expression goes around *avoir* or *être*, except **ne … personne** which goes around both *avoir/ être* and the past participle:

Elle **n**'est **jamais** allée au stade.
Il **n**'a vu **personne**.

💡 Grammaire

The past historic

You need to be able to recognise the past historic tense. It is usually found in novels, history books, newspapers etc. See page 116 and (on worksheet) an account of a football match written in the past historic.

Expressions clés

Je fais (de l'athlétisme) pour développer mes capacités physiques et mentales.

Pour moi, c'est plutôt un loisir.

Je fais (du vélo) pour me détendre / pour être en plein air.

C'est un moyen de garder la forme.

Je fais du sport pour me faire plaisir avec mes copains.

Je veux gagner. Je veux aller jusqu'au bout de mes forces.

C'est un sport qu'on peut pratiquer seul ou avec des copains.

Pour moi, le sport est indispensable pour garder la forme.

Les bienfaits du sport

1 Voici les bienfaits de six sports. Mais de quel sport s'agit-il?

1 Ce sport est l'exercice le plus naturel qui soit. C'est le meilleur antidote contre les maux liés à l'inactivité car il entretient la souplesse sans imposer d'effort violent. Et ça se pratique en plein air. On peut le faire avec ou sans chien!

2 C'est une activité physique qui permet à chacun de la pratiquer selon ses propres capacités. Les muscles travaillent contre la résistance de l'eau et donc cela présente de nombreux bienfaits tant au niveau cardiovasculaire que pulmonaire (on apprend à rythmer sa respiration).

3 Ce sport présente une foule d'avantages, y compris des bienfaits écologiques. Si tout le monde faisait cette activité en moyenne trois fois par semaine, on économiserait de 16 à 23 millions de barils de pétrole en une année. Abandonnez donc le bus ou la voiture!

4 Cette activité vous rend plus endurant à l'effort en réduisant votre taux de masse grasse et en rendant vos tendons plus solides. Mais attention! Vos chaussures doivent être irréprochables.

5 Cette activité est possible à domicile, mais généralement on la pratique au centre sportif où il y a plus de matériel. Cela permet d'entretenir la musculature et la souplesse des articulations. Elle doit comporter quelques exercices respiratoires.

6 L'exercice physique pratiqué à la montagne pendant la saison d'hiver est particulièrement bénéfique. Il ajoute aux bienfaits de l'exercice ceux d'un séjour climatique en altitude: air pur, soleil.

Vocabulaire

la souplesse *suppleness*
le bienfait *benefit*
pulmonaire *respiratory*
le niveau *level*
rendre plus endurant à l'effort
    to increase stamina
taux de masse grasse *body fat index*
irréprochable *impeccable*
à domicile *at home*
entretenir *to maintain*
la musculature *muscle (tone)*
l'articulation *joint*

Expressions clés

Ce sport est l'exercice le plus naturel qui soit.

Ça se pratique en plein air.

Cela présente de nombreux bienfaits.

Ce sport présente une foule d'avantages.

Cette activité vous rend plus endurant à l'effort.

Cette activité est possible à domicile.

2 a Écoutez et regardez l'interview. Répondez aux questions 1–8 en anglais.

1 What sports are recommended for young people and why?
2 Why is swimming recommended?
3 Why is jogging not recommended?
4 Which sports would be suitable or unsuitable during pregnancy?
5 Why is sport recommended for older people?
6 Which sport is suitable for older men and why?
7 Which sport is suitable for older women and why?
8 Which sort of sport should people in this age group avoid and why?

b Regardez encore une fois et faites l'activité interactive.

3 Persuadez votre partenaire de faire un sport avec vous. Essayez de le/la convaincre, en lui parlant des avantages de ce sport. (Feuille)

4 a Lisez l'article puis choisissez les quatre phrases qui sont vraies.

> **L'activité physique** est recommandée à tout âge et a de nombreux bénéfices pour la santé et le moral.
>
> Je vais vous donner de bonnes raisons de bouger…
>
> Vous remarquerez qu'au bout de 15 à 30 minutes d'effort soutenu, l'esprit atteindra un état légèrement euphorique. Le phénomène est dû aux hormones appelées endorphines qui sont libérées dans l'organisme pendant l'effort. L'endomorphine ainsi secrétée rééquilibre le mental et lutte contre la déprime.
>
> Pratiquer un sport est aussi le moyen de prendre soin de votre corps: il améliorera le sommeil, éliminera le mauvais cholésterol, brûlera certaines graisses, développera la capacité respiratoire, augmentera la tonicité…
>
> La pratique d'un sport est également une façon de se surpasser et d'éprouver ses limites.
>
> ***Pour résumer...***
> Le sport rime avec:
> • moral au top
> • pleine forme
> • satisfaction personnelle.
>
> ***Faites du sport – vous ne le regretterez pas!***

1 Le sport n'est pas recommandé pour tout le monde.
2 On se sent mieux après un quart d'heure ou une demi-heure d'effort.
3 Le sport peut combattre la tristesse.
4 On dort moins bien quand on fait du sport.
5 Le sport peut aider une personne à perdre du poids.
6 Le sport encourage le respect de l'autre.
7 Le sport peut aider une personne à dépasser ses limites.

b Notez en anglais trois raisons de faire une activité physique, selon l'article.

5 💡 Lisez le texte sur les effets psychologiques de la pratique d'un sport et faites l'activité interactive.

6 💡 Écrivez un article pour encourager les jeunes à faire du sport. (Feuille)

Exemple: _____

Tout le monde sait que le sport est très bon pour la santé. Mais pour les jeunes en particulier il y a de nombreux avantages. D'abord, en faisant du sport on rencontre de nouveaux amis. C'est une activité sociable que l'on peut partager avec ses amis…

_____

Vocabulaire

soutenu *sustained, consistent*
l'esprit *mind*
atteindre *to reach*
la lutte *fight, struggle*
la déprime *depression*
prendre soin de *to take care of*
améliorer *to improve*
le sommeil *sleep*
brûler *to burn*
la graisse *fat*
augmenter *to increase*
la tonicité *tone*
éprouver *to test*

💡 **Grammaire**

The future tense (revisited)

The article contains many examples of the immediate future (*aller* + infinitive) and the simple future tense. See page 115 to revise both ways of talking about the future.

Compétences

Tackling gap-filling tasks

Expressions clés

Une activité modérée comme (le cyclisme) améliore les capacités cardiaques et respiratoires.

(La gymnastique) aide à prévenir l'ostéoporose.

L'activité physique est recommandée à tout âge.

Pratiquer un sport est le moyen de prendre soin de votre corps.

Le sport…
 améliorera le sommeil.
 éliminera le mauvais cholésterol.
 brûlera certaines graisses.
 développera la capacité respiratoire.
 augmentera la tonicité.

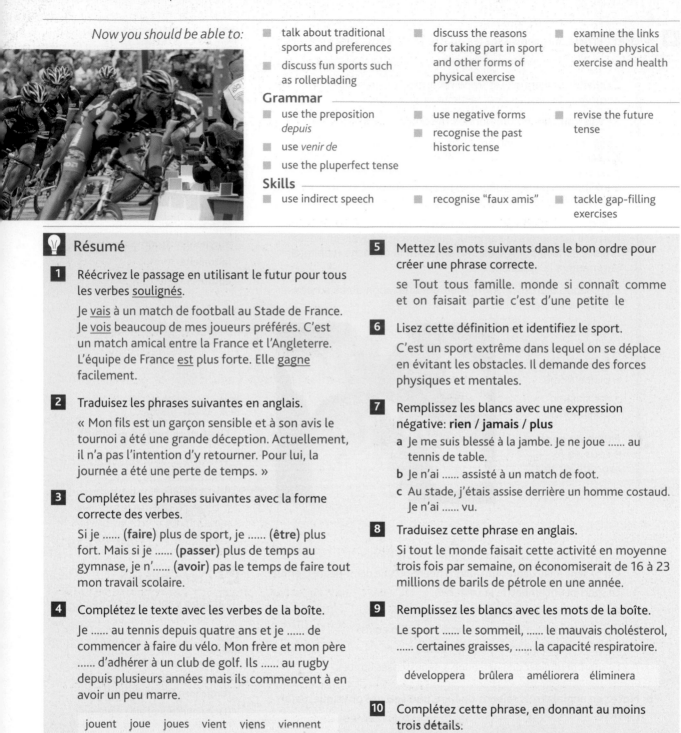

Now you should be able to:

- ■ talk about traditional sports and preferences
- ■ discuss fun sports such as rollerblading
- ■ discuss the reasons for taking part in sport and other forms of physical exercise
- ■ examine the links between physical exercise and health

Grammar

- ■ use the preposition *depuis*
- ■ use *venir de*
- ■ use the pluperfect tense
- ■ use negative forms
- ■ recognise the past historic tense
- ■ revise the future tense

Skills

- ■ use indirect speech
- ■ recognise "faux amis"
- ■ tackle gap-filling exercises

💡 Résumé

1 Réécrivez le passage en utilisant le futur pour tous les verbes soulignés.

Je vais à un match de football au Stade de France. Je vois beaucoup de mes joueurs préférés. C'est un match amical entre la France et l'Angleterre. L'équipe de France est plus forte. Elle gagne facilement.

2 Traduisez les phrases suivantes en anglais.

« Mon fils est un garçon sensible et à son avis le tournoi a été une grande déception. Actuellement, il n'a pas l'intention d'y retourner. Pour lui, la journée a été une perte de temps. »

3 Complétez les phrases suivantes avec la forme correcte des verbes.

Si je …… (**faire**) plus de sport, je …… (**être**) plus fort. Mais si je …… (**passer**) plus de temps au gymnase, je n'…… (**avoir**) pas le temps de faire tout mon travail scolaire.

4 Complétez le texte avec les verbes de la boîte.

Je …… au tennis depuis quatre ans et je …… de commencer à faire du vélo. Mon frère et mon père …… d'adhérer à un club de golf. Ils …… au rugby depuis plusieurs années mais ils commencent à en avoir un peu marre.

> jouent   joue   joues   vient   viens   viennent

5 Mettez les mots suivants dans le bon ordre pour créer une phrase correcte.

se Tout tous famille. monde si connaît comme et on faisait partie c'est d'une petite le

6 Lisez cette définition et identifiez le sport.

C'est un sport extrême dans lequel on se déplace en évitant les obstacles. Il demande des forces physiques et mentales.

7 Remplissez les blancs avec une expression négative: **rien / jamais / plus**

a Je me suis blessé à la jambe. Je ne joue …… au tennis de table.

b Je n'ai …… assisté à un match de foot.

c Au stade, j'étais assise derrière un homme costaud. Je n'ai …… vu.

8 Traduisez cette phrase en anglais.

Si tout le monde faisait cette activité en moyenne trois fois par semaine, on économiserait de 16 à 23 millions de barils de pétrole en une année.

9 Remplissez les blancs avec les mots de la boîte.

Le sport …… le sommeil, …… le mauvais cholestérol, …… certaines graisses, …… la capacité respiratoire.

> développera   brûlera   améliorera   éliminera

10 Complétez cette phrase, en donnant au moins trois détails:

Pour moi, les sports collectifs sont un bon moyen de…

AQA   **Examiner's tips**

Listening

If a word sounds very strange, it could be **initials**. For example, *la SNCF* is not an actual word, but the initials of an organisation.

Speaking

Choose vocabulary that allows you to **demonstrate your ability** at this level of study.

Reading

The questions follow the text **in sequence**. Don't answer a question based on the first paragraph with a comment taken from the final paragraph!

Writing

Build balanced **arguments from different angles**: advantages and disadvantages, problems and solutions, future development.

Une vie saine

8 La santé et le bien-être

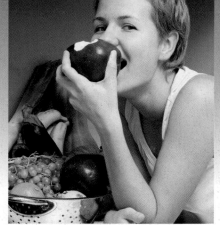

By the end of this chapter you will be able to:

	Language	Grammar	Skills
A **Les risques pour la santé**	■ discuss the dangers to health posed by alcohol, tobacco and other drugs	■ use direct and indirect object pronouns ■ use verbs followed by an infinitive (revisited)	■ structure a debate, giving arguments for and against
B **L'alimentation**	■ discuss diet, including eating disorders	■ use the present subjunctive	■ express doubt and uncertainty
C **L'équilibre travail – vie personnelle**	■ discuss the demands of work–life balance ■ understand about the risk of accidents, at work, on roads, at home	■ use *faire* + infinitive	■ use synonyms to widen your vocabulary

Le saviez-vous?

Le service de santé français est considéré comme un des meilleurs au monde. Selon l'Organisation de la coopération et du développement économique (l'OCDE), le gouvernement français consacre presque 10% de son budget à la santé (en comparaison, le gouvernement britannique ne consacre que 7% de son budget aux services de santé).

L'espérance de vie en France est la plus élevée en Europe (82 ans pour les femmes et 78 ans pour les hommes.)

Les médecins français prescrivent le plus grand nombre de médicaments en Europe. Ils prescrivent, par exemple, trois fois plus d'antibiotiques que les docteurs allemands.

Un Français moyen a sept consultations par an avec son médecin généraliste.

Pour commencer

Devinez la bonne réponse et choisissez a, b or c:

1. Quelle est l'espérance de vie des Français?
   a 72 ans   b 78 ans   c 82 ans

2. Quelle est la cause de mortalité la plus importante pour les hommes en France?
   a les accidents de la route
   b le cancer
   c les maladies cardio-vasculaires

3. Quelle est la cause de mortalité la plus importante pour les femmes en France?
   a les accidents de la route
   b le cancer
   c les maladies cardio-vasculaires

4. Quelle est la consommation moyenne annuelle d'alcool d'un Français?
   a 5 litres d'alcool pur   b 10 litres   c 20 litres

5. Combien des Français sont-ils fumeurs?
   a 27%   b 37%   c 47%

A   Les risques pour la santé

1 💡 Lisez les slogans et faites l'activité interactive.

2 a 💡 Lisez le texte sur le tabac et faites l'activité interactive.

Pourquoi les jeunes fument-ils?

C'est en France qu'on trouve la plus grande proportion de jeunes fumeurs (53 % des 15–24 ans). Le tabagisme est la première cause de mortalité évitable: 66 000 morts par an. Selon les experts, les jeunes fument car ils pensent que cela a du style, que ça les rend indépendants, matures. Est-ce bien vrai?

Richard, 17 ans

J'ai essayé d'en finir avec les cigarettes. En vain. Les fabricants savent séduire les jeunes et ils les encouragent à commencer à fumer. Cependant, je n'arrive pas à cesser de fumer. Moi, je fume par dépendance, je ne peux pas arrêter malgré tous mes efforts. Mes parents fument eux aussi, et ils ont essayé plusieurs fois d'arrêter, mais ils n'y arrivent pas.

Sylvie, 16 ans:

J'ai décidé de commencer à fumer il y a deux ans. L'avantage de fumer est que cela me détend, me déstresse et me relaxe. J'aime fumer avant de passer un examen ou une audition.

Chantal, 17 ans:

Pour moi, c'est plutôt pour me donner plus confiance, parce que fumer, c'est cool. Tous mes amis fument. Au début, c'était pour faire adulte, je suppose. Maintenant, je suis accro.

Franck, 16 ans:

Je fumais pour le plaisir, parce que j'aimais le goût. Ça m'a aussi aidé à me faire des amis. Mais ça fait six mois que je n'ai pas touché à une cigarette. J'avais peur de devenir accro. Le cancer des poumons m'inquiète. Et c'est devenu trop cher.

Vocabulaire

fumer *to smoke*

le tabagisme (passif) *(passive) smoking*

évitable *avoidable*

passer un examen *to sit an exam*

accro *addicted*

le poumon *lung*

cesser *to stop*

arriver à + inf. *to manage to...*

Expressions clés

Cela me détend, me déstresse et me relaxe.

C'est pour me donner plus confiance.

C'était pour faire adulte.

Je fume / fumais par plaisir / dépendance.

Je (ne) peux (pas) arrêter.

Le cancer m'inquiète.

Mes amis / parents fument, mais moi...

b **Relisez le texte puis répondez aux questions en français.**

1 Combien de jeunes Français fument des cigarettes?

2 Selon les experts, pourquoi est-ce que les jeunes commencent à fumer? Donnez deux raisons.

3 Qui ne fume plus et pourquoi pas?

4 Quand est-ce que Sylvie fume et pourquoi?

5 Pour quelles raisons est-ce que Chantal a commencé à fumer?

6 Qu'est-ce que Richard voudrait faire?

c **À deux. Répondez aux questions.**

1 Vous fumez en ce moment ou vous avez fumé? Pourquoi (pas)?

2 Est-ce que quelqu'un dans votre famille fume? Qu'est-ce que vous en pensez?

💡 Grammaire

Verbs followed by an infinitive (revisited)

Many verbs are followed by **à** + infinitive, **de** + infinitive, or directly by the infinitive. Some of these verbs are in the sentences underlined in the texts above. See pages 118–9 for lists.

3 a 🎧 Écoutez les interviews avec trois jeunes qui ne fument pas. Répondez aux questions: c'est Judith, Mélanie ou Laurent?

1 Qui a cessé de fumer assez récemment?
2 Qui se sent malade à cause de la fumée?
3 Qui croit que le prix des cigarettes est très élevé?
4 Qui n'aime pas l'odeur des cigarettes?
5 Qui croit que le tabac n'est pas bon pour les sportifs?
6 Qui s'inquiète du tabagisme passif?

b 💡🎧 Réécoutez et faites l'activité interactive.

4 💡 Faites une affiche pour une campagne anti-tabac. (Feuille)

5 💡 Lisez l'interview sur l'alcool et faites l'activité. (Feuille)

6 💡 Lisez le texte sur un toxicomane et faites l'activité. (Feuille)

Mélanie

Judith

Laurent

7 Lisez ces arguments pour et contre la décriminalisation du cannabis et mettez les phrases dans deux groupes: pour et contre.

Faut-il décriminaliser le cannabis?

1 Une majorité d'usagers ne passeront pas à une substance plus dure.

2 Le cannabis est dangereux pour la santé et on ne connaît pas encore tous les effets néfastes de la drogue.

3 Beaucoup de conducteurs conduisent après avoir consommé du cannabis.

4 La prohibition du cannabis enrichit les mafias, encourage la corruption à tous les niveaux et finance les guerres et le terrorisme dans de nombreux pays.

5 Le cannabis encourage les jeunes à se tourner vers des substances plus dures, telles que l'héroïne.

6 On interdit le cannabis mais on permet la vente de drogues plus dangereuses comme le tabac et l'alcool.

7 Dans les pays où on a essayé la décriminalisation, les résultats ont été décevants: il existe toujours un marché noir où circulent d'autres drogues très dangereuses.

8 Le cannabis a des propriétés médicales importantes, par exemple, dans la prévention des crises d'épilepsie.

💡 **Grammaire**

Direct and indirect object pronouns

On these two pages you've met both direct and indirect object pronouns.

Ça **les** rend indépendants. (*It makes **them** independent.*) **les** = *them* (direct object pronoun)

C'est pour **me** donner plus confiance. (*It's to give **me** more confidence.*) **me** = *to me* (indirect object pronoun)

Both types of pronoun go just before the verb.

For lists of direct and indirect object pronouns and how to use them, see pages 109–10.

8 💡 Organisez un débat dans la classe pour répondre à la question: « Faut-il décriminaliser le cannabis? » (Feuille)

🔄 **Compétences**

Structuring a debate

1 💡 Faites le quiz interactif et lisez les résultats.

2 a 🎧 Écoutez puis complétez les phrases avec un mot choisi dans la liste à droite.

restaurant
cuisine
poissons
huîtres
desserts
fast-food
français
espagnol
café
vin

1 Clara aime les fruits de mer sauf les ......

2 Elle préfère un plat typiquement ......

3 Gabrielle est tentée par le ......

4 Elle ne passe pas beaucoup de temps dans la ......

5 Yannick aime les ......

6 Il préfère le thé vert parce qu'il ne boit pas de ......

b 🎧 Réécoutez. À votre avis, qui a un régime alimentaire équilibré et pourquoi? Qui ne mange pas bien?

3 💡 Lisez le texte sur un régime végétarien puis répondez aux questions. (Feuille)

4 a 💡🎧 Écoutez les jeunes et faites l'activité interactive.

b 🎧 Réécoutez. Répondez aux questions en français.

1 Combien d'élèves vont à la cantine scolaire dans les quartiers défavorisés?

2 Pourquoi est-ce que Nolwenn apprécie la cantine? Donnez deux raisons.

3 Que pense Abdul de la cantine et pourquoi?

4 Pourquoi est-ce que les camarades de Patricia vont au McDo?

5 Quelle est la réaction de Patricia?

6 Pour Laurent, quels sont les avantages et les inconvénients de la cantine?

7 Qu'est-ce qui est important pour Céline?

8 Pourquoi?

5 Parlez avec un/une partenaire de la cantine scolaire. Répondez aux questions suivantes.

Où mangez-vous à midi?

Qu'est-ce qu'on mange en général à la cantine?

Est-ce qu'il y a un bon choix de plats à la cantine?

C'est comment, à la cantine?

Quel est ton plat préféré?

Combien de temps est-ce que vous passez à manger?

Quelles autres activités faites-vous pendant la pause-déjeuner?

6 💡 Lisez l'interview d'un chef de cuisine (sur la feuille) et faites les activités.

Expressions clés

D'habitude, à midi, je mange…

De temps en temps, je…

Le plus souvent, je…

Il y a un grand choix de plats…

Il n'y a pas beaucoup de choix…

On y sert… presque tous les jours.

Il y a toujours / souvent / parfois…

Je passe une demi-heure à table.

Je n'y passe que dix minutes.

Je profite de la pause-déjeuner pour (parler à mes copains).

7 a Lisez le texte. Puis lisez les phrases 1–8: vrai, faux ou information non donnée?

Anorexie: les victimes de la mode?

Quand Sarah Roux regarde un défilé de mode, elle ne s'intéresse pas aux vêtements.

L'œil de ce médecin spécialiste des troubles alimentaires remarque plutôt les petites joues de hamster des mannequins et le maquillage qui cache les signes de vomissements, symptômes de l'anorexie.

Selon Sarah, il y a 3% d'anorexiques parmi les lycéennes. C'est un problème que l'on ne prend pas au sérieux, bien que 6 000 nouveaux cas soient détectés chaque année – 9 sur 10 sont des jeunes filles.

Les médecins comme Sarah sont inquiets pour les adolescentes qui dévorent les magazines de mode. Les images les influencent. Selon Sarah, les filles veulent que leurs corps ressemblent à ceux de Nicole Richie ou de Victoria Beckham. Pour Sarah, il faut que ces vedettes soient plus conscientes de leurs responsabilités envers leurs jeunes fans.

Justine D., 17 ans, raconte comment, à 14 ans, elle commence un régime « pour être belle ... » et est prise dans une spirale infernale qui lui fait perdre des kilos. Il faut que tout ce qu'elle mange tienne dans un bol. On peut y mettre une tranche de jambon, trois haricots verts et un yaourt. Hospitalisée, à bout de forces, Justine est nourrie artificiellement pendant des mois. Elle doit interrompre sa scolarité.

Elle adorait regarder la chaîne Fashion, lire les pages mode. Elle voulait être belle et mince comme les mannequins dans les journaux. Aujourd'hui, à 17 ans, Justine a retrouvé un équilibre, bien qu'elle ait perdu 35 kilos. Elle se remet lentement. Elle a dit: « Si j'avais su, j'aurais parlé* à quelqu'un plus tôt. Mais ça commence à aller mieux. À la fin du mois, j'espère que j'aurai pris** du poids ».

* j'aurais parlé *(I would have spoken) – perfect conditional: see page 116*
** j'aurai pris du poids *(I will have gained weight) – future perfect tense: see page 116*

1   Sarah Roux examine les traits physiques des mannequins.
2   La majorité de lycéennes sont anorexiques.
3   Les victimes de l'anorexie sont de plus en plus jeunes.
4   Justine D. habite à Paris.
5   Elle a failli mourir.
6   À cause de sa maladie, elle ne pouvait pas continuer ses études.
7   Elle était beaucoup influencée par les images dans les magazines de mode.
8   Actuellement, Justine se sent mieux, malgré sa minceur.

b Faites un résumé du texte en anglais en 50–70 mots.

8 💡 Écrivez des phrases qui expriment la certitude ou le doute. (Feuille)

Vocabulaire

le défilé de mode *fashion show*
le trouble alimentaire *eating disorder*
la joue *cheek*
le maquillage *make-up*
l'équilibre *balance*
se remettre *to get better*
prendre du poids *to put on weight*

Compétences

Expressing certainty or doubt

💡 Grammaire

The subjunctive – *le subjonctif*

These phrases contain examples of the present subjunctive:

■ il faut que ces vedettes **soient** plus conscientes de leurs responsabilités (**soient** is from *être*)

■ bien qu'elle **ait** perdu 35 kilos (**ait** is from *avoir*)

The subjunctive is nearly always used in a subordinate clause, i.e. not the main verb of the sentence, and it is often introduced by *que*. It comes after:
bien que or **quoique** (*although*)
il faut que (*it is necessary that*)
vouloir que (*to want someone or something to do...*)
je ne pense pas que (*I don't think that...*)
See *Grammaire* page 116 for more details.

C · L'équilibre travail–vie personnelle

Compétences

Widening your vocabulary

1 Voici les résultats d'un sondage: « Combien de temps est-ce que le Français moyen consacre aux activités quotidiennes? » Devinez et reliez les activités aux durées de temps.

30 minutes
45 minutes
une heure
deux heures quinze minutes
deux heures trente minutes
sept heures
huit heures trente minutes

les repas
les loisirs
le sommeil
le travail domestique
le trajet domicile-travail
le travail
la toilêtte
la sociabilité (conversations, courrier)
la télé

2 a Lisez le texte et les phrases 1–6. Écrivez V (vrai), F (faux) ou N (information non donnée).

Le stress

35% des Français se disent stressés. Selon les médecins, 65% des consultations sont motivées par le stress.

Le stress est la conséquence du système social qui a pour but de réussir sa vie sociale, professionnelle, conjugale et familiale. La pression est encore plus forte à cause de la publicité qui montre en permanence des personnages qui semblent y être parvenus.

Certes, le stress peut être utile dans certains cas, lorsqu'il permet de vaincre ses peurs par exemple. Mais il fatigue, il use et parfois il tue.

Il n'existe pas de « bonne » façon de lutter contre le stress. C'est à vous de trouver ce qui fonctionne le mieux pour vous.

En venant à mieux vous connaître et à comprendre vos réactions face aux événements stressants, vous pouvez apprendre à faire face au stress de façon efficace. Le meilleur point de départ est de déterminer ce qui est une cause de stress pour vous:

- événements marquants de votre vie: le mariage, un changement d'emploi, un déménagement, le divorce ou le décès d'un être cher;

- soucis à long terme. études, inquiétudes au sujet de l'avenir, problèmes économiques ou financiers ou une maladie chronique;

- problèmes quotidiens: embouteillages, personnes insolentes ou appareils qui ne fonctionnent pas.

Vocabulaire

réussir *to succeed*
la pression *pressure*
parvenir *to achieve*
vaincre *to overcome*
user *to wear down*
lutter *to fight*
efficace *effective*
le déménagement *moving house*
l'inquiétude *worry, anxiety*

1 Plus de la moitié des Français se disent stressés.
2 La plupart des consultations médicales concernent le stress.
3 De nos jours, on croit qu'il faut réussir dans tous les domaines.
4 La publicité est un moyen efficace de combattre le stress.
5 Le stress n'a rien de bon.
6 Les jeunes sont plus stressés que les adultes.

b En anglais, résumez les causes du stress, selon le texte.

3 Écoutez six jeunes qui parlent du stress et faites l'activité interactive.

4 Lisez les phrases sur le stress et faites les activités. (Feuille)

5 **a** Lisez le texte et les questions 1–6. Choisissez a, b ou c.

La vie est dangereuse

Près de 1,5 millions d'accidents du travail ont lieu chaque année. Le bâtiment, les transports et les services de sécurité sont, dans cet ordre, les trois secteurs les plus dangereux.

Le nombre d'accidents de la circulation a connu une baisse depuis 2003, mais l'année dernière, plus de 5 000 personnes sont mortes sur nos routes. Les jeunes sont les plus vulnérables et les femmes ont moins d'accidents que les hommes.

Mais, parmi les pays industrialisés, la France est le pays le plus touché par les accidents domestiques. La majorité de ces accidents domestiques sont provoqués par la consommation excessive d'alcool. De la chute dans l'escalier à l'électrocution dans la baignoire, les accidents de la vie privée (à la maison ou pendant les activités de loisirs) sont à l'origine de 20 000 morts par an. La cuisine est la pièce la plus dangereuse et le jardin n'est pas un endroit très sûr. En troisième position, c'est la salle de bains. Dans l'ordre, le rugby, le ski et le cyclisme sont les sports les plus dangereux.

Deux genres d'accidents ont connu une forte progression l'année dernière: l'électrocution et l'intoxication. Des conseils aux lecteurs: si un appareil électrique ne marche pas, il faut demander à un expert de le faire réparer. Et si on vous prépare une omelette aux cèpes, il vaut mieux demander la provenance des champignons!

Vocabulaire

avoir lieu *to take place*

la circulation *traffic*

la chute *fall*

l'intoxication *poisoning*

le cèpe *wild mushroom*

la provenance *source / where something comes from*

💡 Grammaire

faire + **infinitive**

Using **faire** + an infinitive can be translated as 'to have something done by someone'. Look at the difference between these two examples:
Je **répare** la voiture. *I'm fixing the car.*
Je **fais réparer** la voiture. *I'm having the car fixed.*
See page 119.

1 Lequel de ces métiers est le plus dangereux?

  a maçon

  b employé de bureau

  c routier

2 Qui est plus probable d'avoir un accident de la circulation?

  a une jeune femme de 25 ans

  b un homme de 55 ans

  c un jeune homme de 19 ans

3 Qu'est-ce qui cause la plupart des accidents domestiques?

  a l'inattention

  b l'alcool

  c l'électricité

4 Quel est l'endroit le plus dangereux dans la maison?

  a la cuisine

  b le jardin

  c la salle de bains

5 Lequel de ces sports est le plus sûr?

  a le rugby

  b le ski

  c le cyclisme

6 Quel genre d'accident est en hausse?

  a les accidents de la circulation

  b les chutes d'escalier

  c les intoxications

b À quoi correspondent les chiffres à droite?

vingt mille	cinq mille	deux
deux mille trois	troisième	

Exemple: _____

un million et demi = le nombre d'accidents du travail chaque année

_____

6 💡 Lisez le texte sur les règles pour bien dormir et faites l'activité interactive.

7 💡 Pour vous, quelles sont les principales préoccupations qui provoquent le stress chez les jeunes et comment faut-il gérer le stress? (Feuille)

Expressions clés

Je trouve le lycée très stressant.

On a trop de travail.

On nous met trop de pression.

Je me dispute souvent avec mes amis / parents au sujet de...

J'ai des soucis d'argent.

Je m'inquiète pour mon avenir.

Pour gérer mon stress, je...

Ça me calme les nerfs et ça me détend.

Je ne peux pas me passer de chocolat.

Il est essentiel de bien dormir.

Pour oublier tout ça, je dois (voir mes copains / faire du vélo).

Je suis bien dans ma peau.

Je ne suis pas bien dans ma peau.

Now you should be able to:

- discuss the dangers to health posed by alcohol, tobacco and other drugs
- discuss diet, including eating disorders
- discuss the demands of work–life balance
- understand about the risk of accidents, at work, on roads, at home

Grammar

- use direct and indirect object pronouns
- use verbs followed by an infinitive (revisited)
- use the present subjunctive
- use *faire* + infinitive

Skills

- structure a debate, giving arguments for and against
- express doubt and uncertainty
- use synonyms to widen your vocabulary

Résumé

1 Remplissez les blancs avec une préposition correcte.

Le gouvernement a décidé ...... encourager les jeunes ...... cesser ..... fumer.

2 Remplissez les blancs dans cette phrase avec le subjonctif des verbes.

On veut que les jeunes ...... (**boire**) moins, ... (**fumer**) moins et ..... (**faire**) plus de sport.

3 Traduisez cette phrase en anglais.

« Pour moi, une soirée vraiment réussie, c'est quand au moins un ou deux de mes amis finissent bien ivres. »

4 Complétez la phrase d'un jeune végétarien en utilisant les mots en dessous.

« D'abord, j'ai supprimé la ......, ensuite la ......, et enfin le ...... »

> poisson   viande rouge   volaille

5 Mettez les mots suivants dans le bon ordre pour créer une phrase correcte.

envers faut ces vedettes conscientes de plus leurs soient responsabilités que leurs jeunes fans. Il

6 Lisez cette définition et identifiez le nom du phénomène.

La fumée gêne les autres personnes présentes qui ne fument jamais et peut provoquer des maladies graves.

7 Traduisez cette phrase en français.

Stress can be useful in certain cases, but it tires (you), wears (you) down and sometimes it kills.

8 Traduisez cette phrase en anglais.

Malgré les protestations du malade, ils se sont rendu compte qu'il fallait faire venir le médecin.

9 Choisissez quatre expressions de la liste qui sont suivies du subjonctif.

il faut que	je pense que
je ne pense pas que	bien que
j'espère que	il est probable que
je veux que	je crois que

10 Complétez cette phrase (donnez trois détails):

« À l'avenir, pour garder la forme, je… »

AQA   Examiner's tips

Listening

A meaning will often become clearer if you **repeat to yourself** what you have just heard.

Speaking

Use a range of **expressions to introduce your opinions**, e.g. *je pense que, je crois que, j'estime que, à mon avis, selon moi, je dirais que.*

Reading

If you can't immediately recognise a word, **don't panic**! Read the text around the word to help you work out its meaning.

Writing

Check that as you develop your answer, it continues to **focus on the question** set.

Une vie saine

9 — Les vacances

le pont du Gard

By the end of this chapter you will be able to:

	Language	Grammar	Skills
A **Destinations de vacances et le tourisme**	■ talk about holiday destinations ■ examine the impact of tourism	■ use prepositions correctly	■ tackle the grammatical cloze test section of your exam
B **Activités de vacances**	■ discuss types of holiday and holiday activities	■ use the perfect tense, with correct agreement of past participles	■ adapt from first to third person
C **Les attitudes envers les vacances**	■ discuss purpose and benefits of holidays ■ examine changing attitudes to holidays	■ use the present participle ■ use the perfect infinitive	■ form and answer questions in French

■ Le saviez-vous?

La France est la première destination touristique du monde. Selon les estimations récentes, elle accueille plus de 70 millions de visiteurs étrangers par an. Paris attire le plus grand nombre de touristes.

Quant aux Français, près de 90% d'entre eux passent leurs vacances en France. La plupart des Français partent en vacances au mois d'août. C'est une bonne idée d'éviter les autoroutes françaises début août.

Les Français ont le plus grand nombre de congés payés au monde. La semaine de travail en France est la plus courte parmi tous les autres pays développés du monde.

■ Pour commencer

Choisissez la bonne réponse:

1 Combien de touristes étrangers viennent-ils en France chaque année?
   a 55 millions
   b 65 millions
   c 75 millions

2 Quelle est la destination la plus populaire des touristes étrangers?
   a Paris
   b la Bretagne
   c la Provence

3 Combien de visiteurs Disneyland Paris accueille-t-il chaque année?
   a 6 millions
   b 8 millions
   c 12 millions

4 Quand est-ce que l'on a introduit les premiers « conges payés » en France?
   a 1900
   b 1923
   c 1936

5 Quelle est la date de la fête nationale française?
   a le 4 juillet
   b le 14 juillet
   c le 24 juillet

Destinations de vacances et le tourisme

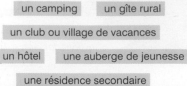

la location d'un appartement

un camping un gîte rural

un club ou village de vacances

un hôtel une auberge de jeunesse

une résidence secondaire

1 À deux, choisissez un mode d'hébergement de la liste à gauche pour les personnes suivantes. Justifiez votre choix.

Exemple: _____

1 Une résidence secondaire: ils semblent être très riches et ils ont donc assez d'argent pour acheter une résidence secondaire.

_____

1 Monsieur et Madame Renaud habitent un quartier chic de Paris.
2 Paul et Virginie passent leur lune de miel à Paris.
3 Loïc et ses amis n'ont pas beaucoup d'argent, mais ils détestent faire du camping.
4 Marcel et Ghislaine apprécient le calme de la campagne.
5 Patrice et Yvonne ont quatre enfants qui sont très vivants.

2 a 🎧 Écoutez cinq jeunes parler de vacances, puis décidez à qui correspondent les questions 1–8: Sabine, Quentin, Asif, Camille ou Thibault?

1 Qui n'aime pas rester en France?
2 Qui aime passer ses vacances à la montagne?
3 Qui apprécie la sécurité et le calme?
4 Qui aime faire des achats?
5 Qui veut partir plus d'une fois par an?
6 Qui aime se détendre à la plage en vacances?
7 Qui aime se faire de nouveaux amis?
8 Qui aime passer du temps à la plage?

b 💡🎧 Réécoutez et faites les activités interactives.

3 a 💡 (Feuille) Posez des questions aux autres personnes de la classe et trouvez quelqu'un qui...

... aime partir en vacances avec des amis.
... a déjà visité la France.
... voudrait voyager en Australie.
... a fait une croisière.
... est allé(e) en vacances de sports d'hiver.
... aime bronzer à la plage.
... aimerait faire des vacances sportives.
... a passé des vacances en Écosse.

b Posez-leur une question supplémentaire et notez des détails.

4 💡 Lisez le texte sur le tourisme en France et faites les activités. (Feuille)

Expressions clés

J'aime partir à la campagne.

J'aime faire des séjours en ville.

Je préfère partir à l'étranger.

Je pars en vacances pour découvrir quelque chose de nouveau / pour rencontrer les autres.

Je pars dans les Alpes pour faire des sports d'hiver.

Je suis un(e) fidèle de la mer.

J'aime passer pas mal de temps à faire des achats.

J'aime faire des randonnées pour admirer les paysages.

L'air est plus pur et je respire plus facilement.

La mer et le soleil me sont indispensables quand je suis en vacances.

J'aime me baigner.

5 a Lisez les avis des jeunes sur l'impact du tourisme. Pour chaque personne, notez P pour une opinion positive, N pour une opinion négative, ou P/N pour une opinion positive et négative.

Avis sur l'impact du tourisme

Karine
Les avantages du tourisme sont l'échange des cultures, l'occasion de rencontrer les autres, le développement économique, qui soutient l'économie locale ainsi que la création d'emplois.

Amar
Il y a beaucoup de touristes qui ne veulent pas se mêler à la population locale et on crée des boîtes à touristes comprenant des magasins, des fast-foods, des bars et des boîtes de nuit que l'on peut trouver partout sans quitter son logement et qui dénaturent totalement les pays visités.

Florentine
Le tourisme est l'une des principales industries de l'économie mondiale. On ne peut pas vivre sans le tourisme. De même, il est estimé qu'en 2010 environ 250 millions de personnes seront employées dans le tourisme. C'est donc indispensable.

Mickaël
Ça fait du bien à l'économie car les touristes dépensent des sous, mais il y a un grand inconvénient: un touriste, ça pollue aussi.

Julie
J'habite à l'île de la Réunion et nous en avons marre des gens qui se croient tout permis: être exigeants, se promener à moitié à poil (en maillot de bain dans les supermarchés!). Les touristes pensent découvrir un pays en y passant seulement 15 jours.

Georges
Pour moi, les touristes dénaturent totalement les pays visités en privant les habitants de leur pays comme par exemple les plages, sans parler de la pollution accrue associée aux activités touristiques. Le tourisme est responsable de la destruction des arbres pour faire construire des hôtels.

b 🖳 Relisez les textes et faites l'activité interactive.

6 🖳 Écrivez un paragraphe sur les avantages et les inconvénients de passer des vacances dans les destinations suivantes (Feuille):

au bord de la mer
à la montagne
à la campagne
en ville

💡 Grammaire

Prepositions

Some French prepositions are used in the same way as their English equivalents:
J'aime mieux partir **en** vacances **avec** mes copains. *I prefer going on holiday with my friends.*

Others need some thought (and a good dictionary!) See page 120.

For holiday destinations, note the following:
- feminine countries require **en** for 'to' or 'in':
Il est allé **en** Hollande en bateau.
- masculine countries use **au**:
J'ai des amis **au** Canada.
- plural names need **aux**:
un voyage **aux** Pays-Bas
- towns and islands take **à**:
Un week-end **à** Paris sera super.

↻ Compétences

Cloze tests

▌Expressions clés

L'idéal pour moi, ce serait de…

J'ai vraiment envie de…

Cela ne me dit pas grand-chose.

Un atout de la campagne/de la ville, c'est….

Pour moi, la chose la plus importante, c'est de pouvoir…

On ne peut pas nier que…

*Ce que je préfère, c'est…

*Ce que je ne peux pas supporter, c'est…

*Ce qui est essentiel, c'est de…

ce que and *ce qui* are relative pronouns meaning 'which' or 'what'. *Ce qui* is used for the subject of a verb, while *ce que* is used for the object of a verb

Activités de vacances

a **Vacances festives**

b **Tourisme fluvial**

c **Vacances rurales**

d **Vacances culturelles**

e **Vacances actives**

1 Choisissez un titre (à gauche) pour les vacances suivantes.

1 Vous voulez naviguer à bord d'une péniche sur le canal du Midi.

2 Vous avez l'intention de vous amuser avec des copains.

3 Vous voulez vivre au cœur de la nature.

4 Pour vous, il faut que ça bouge!

5 Vous voulez trouver une région au riche patrimoine avec musées, monuments, sites et curiosités.

2 a 💡 Lisez le texte sur les vacances des Français et faites l'activité interactive.

Comment les Français passent-ils leurs vacances?

Pour plus de trois Français sur dix, pas question de partir en vacances. Ils n'ont pas assez de moyens pour cela. Mais la moitié des Français qui partent choisissent la mer. Comment passent-ils leurs vacances?

36% des Français ne partent pas en vacances. Mais quand les Français ont la chance de pouvoir partir, que font-ils? D'abord les vacances durent moins longtemps: environ deux semaines (17 jours en 2003). La plupart des Français ne partent pas à l'étranger (75% restent en France) et la moitié choisissent pour destination le bord de la mer. Les activités les plus plébiscitées sont la baignade, la bronzette, le shopping, loin devant la visite des monuments et des sites.

Selon les sondages, pour presque tout le monde, prendre des vacances est une nécessité. De nombreuses familles ont la chance de pouvoir se payer des vacances sans problème. Mais certaines familles n'ont pas les moyens d'aller au bord de la mer ou à la montagne. C'est pourquoi beaucoup de grandes villes organisent des stages sportifs et artistiques réservés aux familles défavorisées.

Des associations humanitaires, comme le Secours populaire avec la « Journée des oubliés », organisent de petits séjours à la mer. Ces journées, avec le soutien bénévole des chauffeurs de taxi, donnent l'occasion aux enfants des familles modestes de s'amuser et de rencontrer de nouveaux copains.

Vocabulaire

les moyens de... *the means to...*

la moitié *half*

durer *to last*

plébiscité *popular, picked in a survey*

la bronzette *sunbathing*

le stage *course*

défavorisé *disadvantaged*

l'association humanitaire *charity*

b **Relisez le texte puis répondez aux questions en français.**

1 Pourquoi est-ce que certaines familles ne partent pas en vacances?

2 Quelle est la destination préférée des Français?

3 Combien de Français partent à l'étranger?

4 Quelles sont les activités de vacances les plus populaires?

5 Selon les sondages, quelle est l'attitude des Français envers les vacances?

6 Qu'est-ce qui se passe dans beaucoup de grandes villes et pourquoi?

7 Quel est le but de l'association "le Secours populaire"?

8 Comment est-ce que les enfants profitent de ces journées?

3 a 💡🎧 Écoutez des jeunes parler de ce qu'ils ont fait en colonie de vacances et faites l'activité interactive.

b 🎧 Réécoutez puis choisissez les cinq phrases qui sont vraies.

1 Amina a fait de l'équitation.
2 Elle n'a pas aimé le bodyboard.
3 Christophe a fait du cyclisme sur un vieux vélo.
4 Il a fait beau tous les jours pendant son séjour.
5 Arnaud préfère des activités à l'intérieur.
6 Il n'a pas gagné le tournoi d'échecs.
7 Thomas a ramené sa peinture à la maison.
8 Il ne voulait pas faire du théâtre.
9 Catherine a mis des vêtements de clown.
10 Les autres jeunes ont apprécié le spectacle.

4 Qu'est-ce que vous aimez faire en vacances? Pourquoi? Répondez à ces questions.

1 Quelle est votre activité préférée quand vous êtes en vacances et pourquoi?
2 Qu'est-ce que vous n'aimez pas faire et pourquoi?
3 Qu'est-ce que vous avez fait en vacances l'année dernière?
4 Qu'est-ce que vouz avez aimé et n'avez pas aimé?
5 Quelle serait votre destination idéale?

5 💡🎧 Claire parle de ses vacances. Écoutez, lisez et répondez aux questions sur la feuille.

6 💡 Jeu de rôle, à deux ou à trois. Essayez de persuader vos parents de vous permettre de partir en vacances avec des copains. (Feuille)

7 💡 Écrivez une réponse à Claire (activité 5) pour lui donner des conseils. (Feuille)

💡 Grammaire

The perfect tense: agreement of past participle

It is important to be completely confident about using the perfect tense. In particular, check on page 114 that you know the irregular past participles.

Remember the perfect tense of reflexive verbs: use *être* and make the past participle agree with the subject.
Je me suis très bien **amusé**... (Arnaud, male)
Je me suis **habillée** en clown... (Catherine, female)

Normally, past participles agree with the subject only when *être* is the auxiliary, not *avoir*. However there are exceptions! Read this:
J'ai fabriqué une petite tasse que j'ai **ramenée** à la maison.

In this case, the past participle has to agree with *une petite tasse*, which is a direct object that comes before the verb. To practise this, see *Grammaire* page 114 and the worksheet.

Expressions clés

Ce que j'aime le mieux, c'est... parce que je le trouve...

J'apprécie surtout...

J'ai horreur des activités en plein air.

Je déteste en particulier...

L'année dernière, j'ai visité / je suis allé(e)...

J'ai fait un stage... pendant trois heures chaque jour.

J'ai beaucoup apprécié (les randonnées).

Je me suis très bien amusé(e).

Il y avait un grand choix de...

J'aimerais visiter...

🔲 Compétences

Adapting from first to third person

Expressions clés

Ce n'est pas juste!

Je viens d'avoir / Je vais avoir... ans.

Je ne suis plus un petit garçon / une petite fille.

Vous me traitez comme un(e) enfant!

Vous ne me faites pas confiance.

Tous mes amis ont le droit de...

Leurs parents leur permettent de...

Je suis le seul / la seule dans ma classe à...

C Les attitudes envers les vacances

1 Lisez le texte et faites l'activité interactive.

2 Des jeunes parlent des bienfaits des vacances. Lisez leurs opinions puis répondez aux questions en anglais.

Sarah Franchement, j'ai besoin de mes vacances pour me relaxer. Après avoir travaillé toute l'année, pendant le mois d'août je ne fais absolument rien du tout. Je ne lis pas, je ne fais pas de sport, je ne fais pas de shopping. Je passe la journée allongée sur un matelas gonflable à la plage en écoutant le bruit des vagues et le cris des mouettes.

Tristan J'aime faire des séjours en ville. Je ne peux pas rester sur place. Je profite des vacances pour apprendre de nouvelles choses, pour découvrir des choses. Je veux améliorer mes capacités intellectuelles, aussi, je hante les musées et les galeries d'art.

Abdul Trop souvent, les relations familiales souffrent de notre vie quotidienne accélérée. Les vacances sont une occasion idéale de se découvrir dans un cadre différent et de construire des souvenirs durables. C'est pour ça que cet été je vais partir dans le Midi pour rencontrer mes oncles et mes tantes.

Mélanie Prendre des congés peut être l'occasion idéale de rencontrer de nouvelles personnes, de rire, et en fin de compte, de faire ce que vous aimez le plus! Comme dit mon père, « La vie est trop courte pour ne pas s'amuser. »

Sacha Il a été scientifiquement prouvé que le fait de prendre des vacances réduit le risque d'épuisement professionnel. En plus de vous éloigner de facteurs de stress quotidiens, les vacances donnent souvent l'occasion de rattraper le manque de sommeil et d'exercice, deux remèdes très simples à de nombreux maux.

1 What does Sarah not do on holiday?
2 What does she spend most of the time doing?
3 What is Tristan's main aim on holiday?
4 How does he achieve this?
5 According to Abdul, what can suffer with the fast pace of modern life?
6 What does he intend to do to remedy this?
7 What does Mélanie feel is the most important thing on holiday?
8 Why does she feel this way?
9 What has been scientifically proven, according to Sacha?
10 What two simple remedies does she propose?

3 **a** 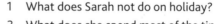 Écoutez l'interview et choisissez les cinq phrases qui sont vraies.

1 De nos jours, beaucoup de touristes veulent protéger l'environnement.
2 Le camping revient à la mode.
3 Moins de touristes passent leurs vacances dans des gîtes.
4 Pour certains, se détendre à la plage n'est pas suffisant.
5 Il y a des stages pour ceux qui s'intéressent à la cuisine.
6 Il y a des conseils pour ceux qui ont du mal à dormir.
7 Le nombre de programmes anti-stress diminue.
8 Ludovic va passer ses vacances au bord de la mer.

b Réécoutez et faites un résumé de ce que M. Pléart dit sur le tourisme. Notez six détails.

4 a 💡🎧📝 Écoutez les questions et les réponses modèles. Enregistrez vos réponses aux questions, puis écoutez. (Feuille)

b Écrivez un paragraphe sur les vacances de votre partenaire, en utilisant le participe présent et l'infinitif passé.

5 💡 Lisez le texte sur des vacances originales et faites les activités interactives.

6 💡 Écrivez une composition sur l'importance des vacances. (Feuille)

Mentionnez:

• votre attitude envers les vacances
• les occasions offertes par des séjours ailleurs
• vos activités de vacances préférées
• les facteurs qui influencent votre choix de destination
• les inconvénients des vacances

💡 Grammaire

The present participle – *le participe présent*

en respectant les cultures ***while respecting*** other cultures
en goûtant les plats locaux ***by tasting*** local dishes

The verbs are examples of the present participle, which is used after the preposition *en*. It is formed from the *nous* form of the present tense; remove the *-ons* ending and replace it with *-ant*. See page 117.

The perfect infinitive – *l'infinitif passé*

The perfect infinitive is used after *après* to express the idea of 'after doing' something. Check whether the verb takes *avoir* or *être*, then use that in the infinitive, plus the past participle of the verb. See page 119.

Après avoir travaillé toute l'année, je ne fais rien en août.
After working all year, I do nothing in August.

Après être arrivée, elle a défait sa valise.
After arriving, she unpacked her bag.

🔊 Compétences

Forming and answering questions in French

Expressions clés

J'ai passé mes vacances en / au / aux / à…

J'ai voyagé en avion parce que c'est rapide et pratique.

Je suis resté dans un petit hôtel où il y avait (un bar, un restaurant et une piscine en plein air).

Dès mon arrivée, j'avais l'impression que j'allais (m'amuser). J'ai beaucoup apprécié (l'ambiance).

J'ai fait un tas de choses telles que…

Le soir, j'ai décidé de (goûter les plats locaux).

Il a fait un temps magnifique sauf un soir. Il y a eu un gros orage qui m'a fait très peur.

J'ai goûté des spécialités de la région, telles que…

J'ai fait les magasins et je me suis offert…

Je recommanderais… à mes amis parce que je crois qu'il y a beaucoup de choses à faire (non seulement pour les jeunes mais aussi pour les personnes plus âgées).

Now you should be able to:

- talk about holiday destinations
- examine the impact of tourism
- discuss types of holiday and holiday activities
- discuss purpose and benefits of holidays
- examine changing attitudes to holidays

Grammar

- use prepositions correctly
- use the perfect tense, with correct agreement of past participles
- use the present participle
- use the perfect infinitive

Skills

- tackle the grammatical cloze test section of your exam
- adapt from first to third person
- form and answer questions in French

Résumé

1 Remplissez les blancs avec une préposition correcte.

« Tous les ans, ma famille et moi partons …... vacances …... Portugal où on loue une villa. Moi, j'aimerais mieux aller …… Italie ou …... États-Unis. »

2 Remplissez les blancs avec le participe passé du verbe.

Après avoir …… (**finir**) le repas, j'ai …… (**prendre**) un taxi pour rentrer à l'hôtel où j'ai …… (**boire**) une tasse de café.

3 Traduisez ces phrases en anglais.

De nombreuses familles ont la chance de pouvoir se payer des vacances sans problème. Mais certaines familles n'ont pas les moyens d'aller au bord de la mer ou à la montagne.

4 Complétez le texte en utilisant les mots corrects de la case.

« Dès que j'ai …… les fleurs en soie, j'ai …… que ce serait un cadeau parfait pour ma mère. Je les ai ….. tout de suite. »

> acheté   achetée   achetés   achetées
> compris   mangé   vu

5 Mettez les mots suivants dans le bon ordre pour créer une phrase correcte.

vacances   sur   qui   l'eau   sont   prisées   par
ceux   ne   veulent   ne   faire.   Les   rien   très

6 Quelle phrase veut dire à peu près la même chose que la phrase suivante?

« D'ailleurs, les touristes croient qu'on devrait améliorer le rapport qualité/prix. »

a Le rapport qualité/prix est parfait.
b Le rapport qualité/prix s'est amélioré.
c Le rapport qualité/prix n'est pas suffisant.

7 Transformez ces phrases à la troisième personne: choisissez *il* ou *elle*.

« En vacances, j'aime me reposer. Je pars avec ma famille à la campagne. Mes enfants font du sport mais je préfère la détente. Je lis, j'écoute mon iPod et je dors: c'est simple! »

8 C'est quelle sorte de vacances?

On passe ses vacances au bord de la mer mais on suit un programme qui comprend des massages, des enveloppements de crème d'algues, des douches sous-marines et de la gymnastique holistique.

> les vacances vertes   les visites culturelles
> les séjours gastronomiques   la thalassothérapie

9 Complétez les blancs avec la forme correcte du verbe.

Après avoir …… (**quitter**) l'hôtel, elle est …… (**aller**) vers la plage en …… (**chanter**).

10 Complétez cette phrase (donnez trois détails):

« Pour mes vacances idéales… »

AQA Examiner's tips

Listening

Information in the recording will follow the **same order as the questions**. So if you can answer (a) and (c), then the answer to (b) is between them.

Speaking

Avoid simply reading off your answers to the printed questions. **Maintain eye contact** with the examiner.

Reading

Don't be discouraged by a word or question you don't understand. Continue to put as much effort as possible into the remaining tasks.

Writing

Write your answer in French straight away. Try **not to translate from English,** otherwise your writing will have a mix of sentence structures.

10 La famille et les relations personnelles

En famille

By the end of this chapter you will be able to:

	Language	Grammar	Skills
A **Bons parents, mauvais parents**	▪ discuss the role of parents and the importance of good parenting	▪ use the conditional ▪ use reflexive verbs ▪ use adverbs and adverbial phrases	
B **Enfants et adultes**	▪ discuss conflict and the attitudes of young people towards other family members	▪ use relative pronouns ▪ use direct object pronouns (revisited)	
C **Ma nouvelle famille**	▪ discuss changing models of family and parenting	▪ use the passive voice in the perfect tense	▪ plan essays and presentations

Le saviez-vous?

The *livret de famille*, issued to couples on marrying at their local mairie, is a vital document for all French families, containing extracts from their wedding certificate, their children's birth certificates, and any death certificates. It must be presented to the authorities to prove identity when applying for a passport or identity card.

Le livret de famille permet de prouver la filiation, c'est-à-dire le lien juridique existant entre les parents et les enfants.

- Le livret de famille est délivré automatiquement au couple au moment du mariage.

- Il est délivré à la naissance du premier enfant pour les parents non mariés.

- Un livret de famille peut aussi être remis aux parents adoptifs à la suite d'une adoption.

Pour commencer

1 À votre avis, quels sont les trois aspects les plus importants de la vie familiale, du point de vue des parents?
a la réussite scolaire
b le bonheur des enfants
c le respect des parents et des adultes
d la protection des enfants
e la discipline
f l'amour

2 Complétez la liste de 10 membres de la famille:
le père, la belle-mère, ...

3 Combien de couples en France cohabitent sans se marier?
a 7%　b 17%　c 27%　d 37%

4 Trouvez quatre verbes pronominaux (*reflexive verbs*) liés aux relations familiales:
1 s'aimer　2 ......　3 ......　4 ......

5 Trouvez les six phrases cachées dans ce message. Attention à la ponctuation et aux accents!

voicimonpereilmenervejementendsmala
vecluivoicimamereelleestsy
mpaetouverteonsent
e
ndbien

Bons parents, mauvais parents

Expressions clés

Voici mon père/ma mère. Il/Elle m'énerve.

Je m'entends (assez) bien/mal avec lui/elle.

On s'entend bien/mal.

Il/Elle me critique trop/peu.

Il est sympa/ouvert/strict.

Elle est timide/décontractée/intelligente.

1 💡🎧 Imaginez que vous faites partie de cette famille. Parlez de vos parents (en imaginant les détails) du point de vue de la fille, puis du point de vue du fils. Puis, écoutez et comparez. (Feuille)

Brice   Julie   Sacha   Olivier

2 💡🎧 Écoutez la description des couples et faites l'activité interactive.

3 Lisez le texte et les phrases a–h. Remplissez les blancs en choisissant dans la liste à droite, et recopiez-les pour faire un résumé du texte.

Vocabulaire

s'énerver *to lose one's temper*

décontracté *relaxed*

se disputer *to argue, to disagree*

pas forcément la faute de *not necessarily the fault of*

crier *to shout*

quant aux copains *as for (their) mates*

Les bons parents n'accusent pas!

S'ils ne sont pas contents, les bons parents n'accusent pas tout de suite leurs enfants – ce n'est pas forcément la faute des enfants. Aussi, ils sont raisonnables. Même s'ils ont des problèmes financiers, ils ne se disputent pas et ils ne crient jamais. C'est-à-dire qu'ils restent calmes et logiques. En ce qui concerne l'école, ils n'acceptent pas tout de suite les critiques des professeurs – ils écoutent d'abord leurs enfants. Quant aux copains, ils ne refusent jamais d'accepter les choix des enfants – ils sont sympas, ouverts et décontractés. Voilà la formule simple des bons parents: on n'accuse pas les autres!

a Les bons parents s'énervent ......

b Ils respectent ...... les opinions de leurs enfants.

c Ils se disputent ......

d Ils sont ...... ouverts et décontractés.

e Ils refusent ...... d'accepter les raisonnements de leurs enfants.

f Ils sont ...... raisonnables.

g Ils sont ...... trop strictes et critiques.

h Ils écoutent ...... leurs enfants.

> rarement   quelquefois
> de temps en temps
> souvent   normalement
> toujours

Expressions clés

Mes parents / Les bons parents n'accusent pas tout de suite.

Ils s'entendent bien.

Ils (ne) sont (pas) raisonnables / sympas / ouverts / décontractés.

Ils (n')écoutent (pas) et (ne) restent (pas) calmes et logiques.

Ils (ne) se disputent (pas / jamais).

En ce qui concerne les copains, ils (n')acceptent (pas) mes choix.

Ils s'énervent / se disputent / crient / critiquent souvent / tout le temps.

Ils respectent l'indépendance des enfants.

4 💡 À trois. Discutez de vos parents (imaginaires), avec des réponses positives et négatives. (Feuille)

Exemple: _____

A: Vos parents s'énervent souvent?

B: Oui, ils se disputent tout le temps, ils ne sont pas raisonnables.

C: Mes parents s'énervent rarement. Ils sont très raisonnables.

_____

5 Classez par ordre d'importance pour vous les 10 aspects du mini-test. Expliquez vos choix et donnez vos raisons.

MINI-TEST:
à la recherche de bons parents

Vous vous imaginez bon parent? Et vos copains? Testez-vous!
(1 = le plus important, 10 = le moins important)

- **accorder beaucoup d'independance** à ses enfants
- **aider** ses enfants **à être heureux**
- **aider** ses enfants **à reussir**
- **aimer** ses enfants **sans conditions**
- **assurer une ambiance familiale sûre**
- **donner tous les conseils nécessaires**
- **encourager le respect et des attitudes positives**
- **être ferme avec** ses enfants
- **être strict avec** ses enfants
- **protéger** ses enfants **tout le temps**

6 a 💡🎧 Écoutez les jeunes qui parlent du rôle de père / mère de famille et faites les activités interactives.

b Prenez le rôle de la fille ou du fils: « Si j'étais père / mère de famille, je... ». Utilisez les expressions clés.

💡 Grammaire

The conditional – *le conditionnel* (revisited)

Remember that verbs in the conditional ('would do...') have the same stem as the future tense (i.e. usually the infinitive, but sometimes an irregular stem) and then the same endings as for the imperfect tense.

■ je respecter**ais**, tu respecter**ais**, il/elle/on respecter**ait**
■ nous respecter**ions**, vous respecter**iez**, ils/elles respecter**aient**

Can you remember the irregular stems of *aller*, *avoir*, *devoir*, *être*, *faire*, *pouvoir* and *vouloir*? See page 115 to check.

Expressions clés

Si j'étais père / mère de famille...

Je ne me disputerais pas avec ma femme / mon mari.

Je respecterais les opinions de mes enfants.

J'assurerais une ambiance familiale sûre.

J'encouragerais mes enfants...
à respecter les autres.
à accepter / comprendre / apprécier la vie.

J'essaierais d'être ferme / ouvert(e) / décontracté(e).

Je ne serais pas trop strict(e) / timide.

Je n'accuserais jamais mes enfants sans écouter leurs opinions.

💡 Grammaire

Reflexive verbs – see worksheet

Adverbs and adverbial phrases – see worksheet

Enfants et adultes

La famille Poitier

Simon

Énola

Alex

Sophie

1 a 💡🎧 Écoutez et lisez les textes, puis faites les activités interactives.

b Regardez les photos des enfants de la famille Poitier: comment sont les relations entre eux, à votre avis?

c Lisez le texte sur Alex et Énola et les phrases 1–8. Vrai (V), faux (F) ou information non donnée (N)?

Alex et Énola

Alex s'entend assez bien avec ses parents, mais moins bien avec son frère et une de ses sœurs – Simon l'énerve en particulier et il trouve Énola et ses copines bien embêtantes. Quant à sa sœur aînée, Sophie, il la trouve bien, même si elle le critique de temps en temps.

Pour sa part, Énola s'entend très bien avec sa mère, qui écoute attentivement ses opinions et qui respecte bien son indépendance. Franchement, son frère Alex l'embête énormément tout le temps, alors qu'elle trouve Simon sympa et charmant. Elle aime bien aussi sa sœur aînée.

1 Alex s'entend mieux avec son père qu'avec sa mère.

2 Il trouve son frère embêtant.

3 Les copines d'Énola l'énervent.

4 Sa sœur aînée ne le critique jamais.

5 Énola apprécie bien l'attitude de sa mère envers elle.

6 Son père, lui, ne respecte pas son indépendance.

7 Elle écoute attentivement les opinions de son frère aîné.

8 Énola et Sophie s'entendent bien.

2 À deux. Devinez la personne!

Exemple:

A: Je m'entends mal avec elle, parce qu'elle m'énerve et me critique. En plus, elle est trop stricte et elle refuse de me laisser sortir le week-end.

B: C'est ta mère?

A: Oui, tout à fait. À toi.

B: On s'entend bien parce qu'il est sympa et il ne me critique pas.

A: C'est ton père?

B: Non.

A: Ton frère aîné, alors?

B: Oui.

3 💡🎧 Écoutez les trois jeunes et faites les activités interactives.

Expressions clés

Je m'entends bien / mal avec...

Je **le** / **la** / **les** trouve sympa(s) / bien / strict(e)(s).

Il / Elle **m'**énerve / **m'**embête / **me** critique tout le temps.

Il / Elle s'entend bien / mal avec...

Il / Elle **me** / **le** / **la** / **les** trouve sympa(s).

Il / Elle **l'**énerve / **l'**embête / **le** / **la** critique tout le temps.

On s'entend bien / mal parce que...

4 Lisez le courrier de Céline et reliez les débuts et fins de phrases en dessous.

Au secours!

Ma vie devient _de plus en plus difficile_, à cause de _mes parents_. Ils ne _pensent_ qu'à _deux choses_: _ma réussite scolaire_ et _mes copains_. _Ils disent que je ne peux pas _sortir avec mes copains en semaine_, parce que _j'ai trop de devoirs et trop de préparatifs à faire pour mes examens_. Ils sont nettement _trop stricts_. En plus, ils trouvent que _mes copains sont moins sérieux que moi_ et _ma mère n'apprécie pas du tout _les vêtements que je porte quand je sors avec eux en boîte ou au cinéma_.

Franchement, c'est _inadmissible_! Je travaille dur au lycée et j'aime bien mes études, mais je commence à _craquer_! Il ne faut pas exagérer! Je n'ai le droit à rien! Il faut respecter _la liberté et l'indépendance_ de ses enfants quand même - surtout de ceux qui ont déjà 17 ans.

1	À cause de mes parents, la vie	a	sont interdites.
2	Ils sont préoccupés par	b	comme un enfant de 10 ans.
3	Les sorties en semaine	c	à m'énerver.
4	Ils me traitent	d	mes études et mes amis.
5	Ma mère accepte	e	est intenable.
6	L'attitude de mes parents commence	f	mal les vêtements que je choisis.

5 🔆 Jeu de rôle. Plaignez-vous auprès de vos partenaires. Servez-vous de l'activité 4 et de la feuille.

6 🔆 Écrivez un mail au sujet de vos problèmes familiaux (imaginaires). Servez-vous des suggestions ci-dessous et du courrier de Céline (activité 4), en remplaçant _les parties du texte soulignées_ par vos propres idées. (Feuille)

Quel problème?	Avec qui?
mes vêtements	mes parents
mes études	mon père
mes copains	ma mère
mes relations personnelles	mes grands-parents
mes sorties	mon frère/ma sœur

Vocabulaire

de plus en plus _more and more_
en boîte _in nightclubs_
interdit _forbidden_
intenable _unbearable_
mal _badly, not very well_

Expressions clés

Je commence à craquer.
Mon père refuse d'accepter mes copains.
Ma mère n'apprécie pas…
Mes parents ne pensent qu'à…
Je n'ai le droit à rien.

🔆 Grammaire

Direct object pronouns (revisited)

These replace direct objects, for example in the following sentence, it's easy to spot the direct object:
J'embête **mes parents**.
I annoy **my parents**.
Replace it with direct object pronoun _les_, to say 'them':
Je **les** embête. _I annoy **them**._

Direct object pronouns (listed below) all go immediately before a verb. See pages 109–10.

me = _me_	**nous** = _us_
te = _you_	**vous** = _you_
le (l') = _him, it_	**les** = _them_
la (l') = _her, it_	

🔆 Grammaire

Relative pronouns

You already know the relative pronoun _qui_, used to link (or 'relate') two clauses. For example:
Énola s'entend très bien avec **sa mère, qui** écoute toujours ses opinions.
Énola gets on well with **her mother, who** always listens to her opinions.

Both _qui_ and _que_ can mean 'who': use _qui_ to refer to the subject of a verb, and use _que_ to refer to the object of a verb. See page 110.
« Énola est quelqu'un **que** j'écoute attentivement, parce que c'est quelqu'un **que** j'adore et respecte. »

Ma nouvelle famille

1 💡 Les familles, c'est compliqué! Lisez et faites les activités interactives.

2 Lisez le texte sur le remariage. Trouvez les trois phrases vraies (1–6).

Vocabulaire

malgré *despite, in spite of*

l'incertitude *uncertainty*

le bouleversement *upheaval*

citer *to quote, to state*

le bonheur *happiness*

le malheur *unhappiness*

nier *to deny*

les beaux-enfants *stepchildren*

l'égoïsme *selfishness*

penser à *to think of/about*

Le remariage

Malgré l'incertitude que cela peut apporter à une famille, on se remarie de plus en plus souvent. Quels sont donc les avantages et les risques d'un tel bouleversement familial? Citons d'abord la vraie possibilité de recommencer, un nouveau départ. C'est un plus pour tous – pour le père ou la mère qui retrouve le bonheur et pour les enfants qui retrouvent, pour leur part, la sécurité d'une nouvelle famille heureuse.

Par contre, on ne peut pas nier la jalousie qui se manifeste souvent entre les enfants naturels et les beaux-enfants, qui refusent en plus d'accepter l'autorité du "nouveau papa" ou de la "nouvelle maman". Comment répondre aussi aux gens qui trouvent que le remariage est un acte d'égoïsme pur et simple de la part des remariés, qui n'ont même pas pensé à leurs enfants?

1 De nos jours, il est rare qu'on se remarie.

2 Grâce au remariage, les gens concernés peuvent essayer d'oublier le malheur du mariage précédent.

3 Tout le monde peut en profiter mais rien n'est garanti.

4 Normalement les enfants naturels et les beaux-enfants s'entendent bien.

5 Le refus de l'autorité parentale après le remariage pose peu de problèmes.

6 Certaines personnes prétendent que les remariés ne pensent qu'à eux-mêmes.

3 a 💡🎧 Écoutez les opinions sur le remariage, puis faites l'activité interactive.

b 🎧 Écoutez encore une fois. Reliez les aspects du remariage (1–5) aux expressions a–e.

1 La jalousie entre les demi-frères et les demi-sœurs	a	C'est un nouveau départ.
2 Le manque d'autorité des beaux-parents	b	C'est une bonne chose.
3 L'accord entre les beaux-parents et les beaux-enfants	c	Cela détruit l'ambiance familiale.
4 L'égoïsme des parents qui se remarient	d	Ça marche rarement.
5 Le bonheur que peut apporter le remariage	e	C'est inévitable.

4 a 💡🎧 Écoutez et lisez le texte sur les nouveaux modes de vie familiale, puis faites l'activité interactive.

b 💡🎧 Complétez les extraits de l'enregistrement sur la feuille.

5 💡 Débat sur les modes de vie familiale. Décrivez votre famille ou jouez le rôle d'Anaïs, David, Alison ou Léo. (Présentation)

Exemple: _____

– J'appartiens à une famille "normale": c'est-à-dire que mes parents sont mes parents naturels et ils sont toujours mariés l'un avec l'autre. Je trouve que…

– Alors, moi, comme enfant adoptif, je n'appartiens pas à une famille "normale". Mes parents m'ont adopté à l'âge de…

6 Lisez le texte et les phrases 1–8. Vrai (V), faux (F) ou information non donnée (N)?

1 Environ 17% des couples en France cohabitent sans être mariés.

2 Un plus grand pourcentage d'enfants habitent soit avec leur père soit avec leur mère.

3 Les parents d'environ 1,5 million d'enfants se sont remariés.

4 Tous ces enfants ont au moins un demi-frère et une demi-sœur.

5 En France, il est devenu de plus en plus compliqué de divorcer.

6 Personne ne voulait adopter d'enfant à cause des procédures d'adoption compliquées et lentes.

7 De plus en plus de parents doutent de leur capacité à bien élever leurs enfants.

8 Ils ne se sentent coupables ni des ruptures des mariages ni des divorces.

La famille: évolution ou révolution?

De nouveaux modes de vie familiale se sont installés au cours des vingt dernières années. Plus d'un couple sur six n'est pas marié. Un enfant sur sept vit dans une famille monoparentale. On peut compter plus de 700 000 familles où près de 1,5 million d'enfants vivant avec un beau-père, une belle-mère, un ou plusieurs demi-frères et demi-sœurs.

En même temps, les demandes de divorce ont été simplifiées et les procédures d'adoption ont été accélérées. Beaucoup de parents s'inquiètent de leur capacité à être de bons parents. La multiplication des ruptures et des divorces renforce leur sentiment de culpabilité, particulièrement sensible lorsque des problèmes apparaissent pendant l'adolescence.

7 💡 Comparez votre mode de vie familiale avec celui d'un copain ou d'une copine (imaginaire). (Feuille)

💡 Grammaire

The passive voice – perfect tense

The passive (see page 31) can be formed in tenses other than the present. To form the passive in the <u>perfect</u> tense, use the verb *être* in the perfect tense and a past participle.

Les procédures d'adoption **ont été accélérées**.
Adoption procedures have been speeded up.

For more on the passive, see page 117.

Expressions clés

À mon avis, le remariage est une bonne / mauvaise chose.

Le plus gros problème, c'est la jalousie (entre les demi-frères et les demi-sœurs).

Les beaux-enfants n'acceptent pas l'autorité des beaux-parents.

Je suis content(e) de ma vie familiale.

Mes parents ont divorcé et mon père / ma mère s'est remarié(e).

Il / Elle me manque beaucoup.

Je ne pense pas que mon père / ma mère soit vraiment heureux/euse maintenant.

Vocabulaire

s'installer *to set up, to become established*

plusieurs *several*

s'inquiéter de *to worry about, to become anxious*

la rupture *break-up*

la culpabilité *blame, guilt*

sensible *sensitive*

apparaître *to appear, to surface*

conduire à *to lead to*

Compétences

Planning essays and presentations

Now you should be able to:

- ■ discuss the role of parents and the importance of good parenting
- ■ discuss conflict and the attitudes of young people towards other family members
- ■ discuss changing models of family and parenting

Grammar

- ■ use the conditional
- ■ use reflexive verbs
- ■ use adverbs and adverbial phrases
- ■ use relative pronouns
- ■ use direct object pronouns (revisited)
- ■ use the passive voice in the perfect tense

Skills

- ■ plan essays and presentations

💡 Résumé

1 Complétez les phrases avec la bonne forme des verbes au conditionnel:

Je ne …… (**se disputer**) pas avec ma femme, surtout pas devant les enfants, ça …… (**être**) affreux! En plus, je …… (**respecter**) l'opinion de mes enfants et je les …… (**encourager**) à respecter les autres.

2 Mettez les mots dans le bon ordre pour faire deux phrases qui décrivent de bons parents:

bons Les parents s'énervent enfants. opinion respectent rarement et ils toujours l' des

Ils tout le temps ne jamais trop et critiques. et ils stricts écoutent leurs sont enfants.

3 Écrivez une phrase qui veut dire la même chose que cette phrase:

Les enfants ont besoin de parents heureux et contents.

4 Comment trouvez-vous votre mère?

5 Complétez la phrase:

« Mes parents m'énervent. Ils disent… »

6 Traduisez la phrase en anglais:

C'est le benjamin de la famille. Il s'entend bien avec ses deux sœurs aînées, mais s'entend moins bien avec son frère qu'il trouve embêtant.

7 C'est qui?

Pour un membre du couple, c'est le fils que son ou sa partenaire a eu d'un précédent mariage.

8 Complétez les définitions avec la bonne forme des verbes au passif. N'oubliez pas l'accord du participe passé.

a On a simplifié les procédures de divorce.
   = Les procédures de divorce …… (**être simplifié**)

b On a accéléré ma demande de divorce.
   = Ma demande de divorce …… (**être accéléré**)

c On a facilité la séparation.
   = La séparation …… (**être facilité**)

d On a installé de nouveaux modes de vie familiale.
   = De nouveaux modes de vie familiale ……
   (**être installé**)

9 Complétez la phrase:

« Un beau-parent…»

10 Écrivez une phrase qui décrit le désaccord entre les beaux-parents et les beaux-enfants.

AQA Examiner's tips

Listening

Revise numbers, including dates. These are often tested in listening tasks. If a number is needed in an answer, it is quicker to write it **in figures**, e.g. *20* rather than *vingt*.

Speaking

Listen very carefully to the examiner's questions. Shape your answer to address the question set.

Reading

Look at all options before deciding on your answer for **multiple-choice questions**.

Writing

Avoid vague statements such as *il faut faire quelque chose*. Give as much detail as possible to back up your answer.

11 La famille et les relations personnelles

Bons copains

By the end of this chapter you will be able to:

		Language	Grammar	Skills
A	**Qualités d'amis**	■ talk about characteristics and roles of friends	■ use relative pronouns (revisited)	■ avoid repetition of phrases and structures
B	**Amis, conflits**	■ discuss the importance of friends and conflict between friends	■ use the perfect and imperfect tenses (revisited)	■ use different writing styles
C	**Amitié ou amour?**	■ talk about love versus friendship	■ use infinitive constructions	■ adapt from first to third person (revisited)

Le saviez-vous?

Comme dans tous les pays, il y a beaucoup de dictons et proverbes en France au sujet de l'amitié et de l'amour.

En voici quelques exemples: lequel préférez-vous?

- Ami de tous, ami de personne
- Au besoin on connaît les amis
- **Les amours commencent par anneaux, et finissent par couteaux**
- Fol est qui perd bon ami pour femme
- On connaît les bonnes sources dans la sécheresse, et les bons amis dans la tristesse

Et voici deux dictons de deux grands écrivains français à ce sujet. Vous êtes d'accord avec qui?

André Malraux 1901–1976

« L'amitié […] ce n'est pas d'être avec ses amis quand ils ont raison, c'est d'être avec eux même quand ils ont tort… »

André MALRAUX, L'Espoir,
© Editions GALLIMARD

Honoré de Balzac 1799–1850

« L'égoïsme est le poison de l'amitié. »

Pour commencer

1 Trouvez les deux intrus: « Un bon ami est… »

a fidèle	d constant
b jaloux	e malhonnête
c sincère	f ouvert

2 Complétez les phrases en employant les adjectifs de la question 1:

Ma meilleure amie est fidèle, …… et …… Elle n'est pas …… et elle n'est pas …… non plus.

3 Complétez les paires: soyez logique!

copain + copine

petit ami + ……

…… + fiancée

mari + ……

…… + épouse

4 À votre avis, est-ce qu'un garçon et une fille peuvent être copains-copains?

5 Recopiez et remplissez les blancs avec les bons verbes pour décrire les relations entre Adrien et Annie.

Adrien trouve Amélie <u>adorable</u>, parce qu'il l'……, mais Amélie trouve Adrien <u>aimable</u>, alors elle l'…… bien.

A Qualités d'amis

Florence   *Antoine*

Fabien et Chloé

Vocabulaire

le sens de l'humour *sense of humour*

résoudre *to solve*

confier à *to confide in*

tranquillement *comfortably, without worrying*

la vérité *truth*

1 a Remue-méninges: au sujet de l'amitié, notez au moins:

- 5 noms (ami, copine…)
- 8 adjectifs dont 4 positifs et 4 négatifs
- 5 verbes (s'entendre bien/mal avec…)

b Regardez les photos à gauche et servez-vous de vos notes (activité 1a) pour décrire les qualités et les défauts de ces nouveaux amis.

Exemple: _____

Antoine est mon meilleur copain, parce qu'il est tellement marrant et sympa et…

Mon amie Florence est intelligente et sincère, mais elle est aussi un peu jalouse de temps en temps. On s'entend bien la plupart du temps mais…

_____

2 a 🎧 Classez (de 1 à 9) ces commentaires sur l'ami idéal par ordre d'importance pour vous. Écoutez et comparez vos idées avec celles des jeunes qui ont fait cette enquête.

QUESTION DE LA SEMAINE

On vous a posé la question: « Votre ami idéal serait comment? » Voici vos réponses:

> Mon ami idéal m'aimerait pour qui je suis.

> L'ami idéal serait toujours prêt à m'écouter sans me juger.

> Un ami idéal me ferait tout le temps rire parce qu'il (ou elle) aurait le même sens de l'humour que moi.

> Quelqu'un à qui je pourrais tout confier tranquillement.

> Quelqu'un avec qui je partagerais les mêmes goûts en musique, en mode et, bien sûr, en copains.

> Quelqu'un qui garderait mes secrets.

> Pour moi, c'est quelqu'un qui serait toujours prêt à m'aider.

> Mon ami idéal devrait m'aider à résoudre mes problèmes.

> Ce serait quelqu'un qui n'hésiterait jamais à me dire la vérité.

b Transformez les 9 phrases ci-dessus au présent. Commencez chaque phrase par: "C'est quelqu'un (à / avec) qui…"

Exemple: _____

Mon ami idéal m'aimerait pour qui je suis.   ➡️   C'est quelqu'un qui m'aime pour qui je suis.

_____

3 a 🖼️📹 Les bons copains: regardez la vidéo et faites l'activité interactive.

b 🖼️📹 Regardez la vidéo encore une fois et faites les activités. (Feuille)

4 a 🖼️ Lisez le texte "Avis sur les amis" et faites l'activité interactive.

AVIS SUR LES AMIS

On dit que l'amitié se construit à mesure qu'on fait tomber les barrières. Rien de plus sûr!

Pour moi, un ami est quelqu'un de* constant, toujours prêt à m'épauler quand la vie tourne au vinaigre et à partager avec moi mes moments de bonheur. J'ai lu dans un article qu'actuellement 60% des Français prétendent que l'essentiel dans l'amitié, c'est l'aide mutuelle, même si les amis ne se voient pas souvent. Ils acceptent aussi qu'avec un ami on n'est pas solitaire mais solidaire, à mon avis, c'est évident!

Un ami n'est pourtant pas quelqu'un de sérieux tout le temps. C'est plutôt quelqu'un d'ouvert qui sait communiquer, et quelqu'un de fidèle qui refuse de juger. À mon avis, c'est aussi quelqu'un d'heureux et de rigolo.

C'est avec et à cause de mes amis que je me sens rassuré, libéré et inspiré. Sans eux, je serais perdu: je ne me reconnaîtrais plus.

Vocabulaire

se construire *to be built*

à mesure que *as*

rien de plus sûr *nothing is more certain*

quelqu'un de… *someone who is…*

épauler *to support*

tourner au vinaigre *to turn sour*

prétendre *to claim*

se voir *to see each other*

fidèle *loyal*

sans eux *without them*

se reconnaître *to recognise oneself*

* quelqu'un de + *adjective: see* indefinite pronouns, page 112

b Relisez le texte puis trouvez les quatre phrases vraies (1–8). Corrigez les erreurs.

1 La constance ne joue pas de rôle dans l'amitié.

2 Un vrai ami sait écouter attentivement et apprécier les joies et les peines de son ami.

3 En France, on croit en général que les amis doivent se retrouver fréquemment.

4 La solidarité caractérise une bonne amitié.

5 La communication ne fait que renforcer les liens entre les amis.

6 On ne doit pas prendre ses amis comme ils sont, il faut les juger.

7 Les gens heureux et amusants risquent de se faire de bons amis.

8 La vraie amitié empêche la liberté et l'inspiration.

🧭 Compétences

Avoiding repetition of phrases and structures

5 🖼️ À deux. Jouez les rôles d'un couple de vedettes (réelles ou fictives) et écrivez à tour de rôle le profil d'un copain ou partenaire. Voir Expressions clés. (Feuille)

Exemple: _____

A: Mon copain Ant(oine) est quelqu'un qui me fait beaucoup rire. En plus, c'est quelqu'un de sympa, qui…

B: Ma copine…

💡 Grammaire

Relative pronouns (revisited)

You can link two sentences with *qui* or *que*, to avoid repetition and sound more natural.

C'est mon ami **qui** garde mes secrets et **qui** m'écoute sans me juger.
*It's my friend **who** keeps my secrets and **who** listens to me without judging.*

The expression *quelqu'un qui* is useful:
Ma copine est **quelqu'un qui** me dit la vérité.
*My friend is **someone who** tells me the truth.*

Que means 'who' or 'which'; it is used to refer to the object of the verb, not the subject.
Mon ami est quelqu'un **que** je respecte.
*My friend is someone **who(m)** I respect.*
See *Grammaire* page 110 for more details.

Expressions clés

Mon meilleur ami / Mon ami idéal est quelqu'un de (d') heureux / rigolo / constant / sympa / fidèle.

C'est aussi quelqu'un qui…

m'aide à résoudre mes problèmes.
est toujours prêt à m'écouter sans me juger.
m'aime pour qui je suis.
me fait tout le temps rire.
a le même sens de l'humour.
a les mêmes goûts en musique et en copains.
n'hésite jamais à me dire la vérité.
est toujours prêt à m'aider.

B Amis, conflits

1 a Regardez comment les jeunes gens dans les dessins se comportent. Qu'en pensez-vous?

Exemple: _____

Pourquoi pas?

À mon avis, cela ne me regarde pas.

Je trouve que ça manque de maturité.

_____

b 💡🎧 Lisez, écoutez et faites les activités interactives.

2 a 💡 Lisez le courrier de Charlotte puis faites l'activité interactive.

COURRIER DE LA SEMAINE
JE TE DÉNONCE, AMÉLIE!

Mon ex-meilleure amie s'appelait Amélie. On se connaissait depuis la maternelle et on faisait tout ensemble. Même à l'âge de trois ans on était meilleures amies! Elle était très gentille, généreuse et sensible.

Malheureusement, mes parents ont divorcé l'année dernière. Ça m'a tellement choquée que je n'ai pas pu en parler, même avec Amélie. Elle ne comprenait pas que j'avais besoin d'en parler mais que je ne pouvais pas. Je me sentais si seule et si triste!

Je ne sais pas comment mais j'ai fait la connaissance d'une bande de jeunes marrants, qui se soûlaient, se droguaient et volaient des voitures juste pour rire! Je ne voulais vraiment pas faire tout cela mais j'avais besoin de contact, de me défouler un peu. Amélie en a été scandalisée! Elle a tout essayé pour me détourner de la bande. Je lui ai expliqué que c'était juste pour rire.

Elle a menacé de me dénoncer, mais je ne l'ai pas crue – c'était ma meilleure amie, après tout! Elle a fini par rompre avec moi, alors on n'est plus amies. J'en suis tellement malheureuse. Elle me manque beaucoup, mais je ne peux pas l'excuser: pourquoi m'as-tu abandonnée, Amélie, juste au moment où j'avais besoin de toi? Tu étais jalouse de la bande?

Je croyais que les meilleurs amis restaient toujours fidèles et complices, même ou surtout quand on a de gros problèmes. Je croyais aussi qu'ils se montraient un respect mutuel, et qu'ils ne se jugeaient pas.

Je ne fais plus partie de la bande – en fait, cela ne m'intéressait pas vraiment. Mais qu'est-ce qu'il me reste? La solitude et la trahison. Je me sens vide, sans sensation, sans amis.

Vocabulaire

la maternelle *nursery school*

la bande *gang*

se soûler *to get drunk*

se défouler *to relax, to let off steam*

menacer de *to threaten to*

dénoncer *to expose, to blow the whistle on*

rompre avec *to break off (a relationship/friendship)*

manquer *to miss, to be missing*

complice *in it together*

la trahison *betrayal*

b Relisez le texte puis trouvez les quatre phrases vraies.

1 Charlotte regrettait le comportement anti-social d'Amélie.

2 Charlotte était très en colère contre ses parents.

3 Elle avait besoin de l'aide de son amie, à cause de la séparation de ses parents.

4 Amélie était dégoûtée du divorce.

5 Amélie voulait à tout prix séparer sa meilleure amie de la bande.

6 Charlotte ne pouvait pas accepter la jalousie de son amie et se sentait trahie par elle.

7 Elle respectait toujours Amélie.

8 Pour elle la rupture avec Amélie était une catastrophe.

3 a 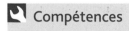 Écoutez Amélie parler de Charlotte et de sa bande et faites l'activité interactive.

b Écoutez encore une fois et répondez aux questions en français.

1 Amélie et Charlotte se connaissent depuis quand?
2 Quelles sont les qualités personnelles de Charlotte mentionnées par Amélie?
3 Qu'est-ce qui a causé le changement du comportement de Charlotte selon Amélie?
4 Comment Amélie a-t-elle réagi au comportement de son amie?
5 Qu'est-ce qu'elle a fait pour essayer de la détourner de la bande?
6 Pourquoi a-t-elle rompu avec Charlotte?
7 Comment se sent-elle à cause du conflit, et pourquoi?

c Discutez de l'histoire de Charlotte et Amélie: qui avait raison et qui avait tort? Qui a gagné et qui a perdu? (Feuille)

Exemple: _____

A: À mon avis, Amélie avait raison et Charlotte avait tort. Pourquoi? D'abord, à cause du comportement antisocial de Charlotte. Un ami ne doit pas juger son ami mais… Un ami n'a pas peur de dire la vérité et… Amélie voulait aider Charlotte parce qu'elle était…

B: Je trouve que c'est Charlotte qui avait raison. Après le divorce de ses parents elle avait besoin de sa meilleure amie. Amélie ne comprenait pas pourquoi Charlotte ne pouvait pas… Peut-être qu'elle était jalouse de…

C: Personne n'avait raison et personne n'avait tort, mais elles ont perdu toutes les deux. Pourquoi? Parce qu'elles ont cessé de communiquer, et à partir de ce moment-là elles ont refusé de…

4 Complétez les textes sur la feuille. Inventez des détails et ajoutez vos raisons.

5 Relisez le courrier de Charlotte (page 92) et écrivez un article à ce sujet. Ajoutez quelques conseils ou analyses. (Feuille)

Exemple: _____

Amies + conflit = ennemies

Voilà la triste histoire de Charlotte et d'Amélie, ex-meilleures amies. Elles se connaissaient depuis la maternelle et elles faisaient tout ensemble. Comme meilleures amies, elles étaient toujours prêtes à s'épauler. Puis, les parents de Charlotte…

6 À vous. Écrivez un poème ou un article (vrai ou fictif) sur une rupture entre amis. Ajoutez des conseils (il faut…, il ne faut pas…) pour souligner l'importance de l'amitié et les dangers du conflit. (Feuille)

Expressions clés

À mon avis, (Amélie) avait raison et (Charlotte) avait tort.

Personne n'avait raison et personne n'avait tort.

Un bon ami reste fidèle et complice et refuse de juger.

Un ami (ne) doit (pas):

juger son ami / accepter le comportement antisocial sans critiquer / avoir peur d'accepter la vérité / refuser d'écouter / protéger son ami(e)

Grammaire

The perfect and imperfect tenses (revisited)

Can you remember the difference between the perfect and imperfect tenses? Which one deals with incomplete or repeated actions in the past and is easier to form? How do you use them together, to contrast actions in the past?

Refer to page 46 and *Grammaire* pages 113–4 to check up on these tenses.

Compétences

Different writing styles

C   Amitié ou amour?

Expressions clés

Quelqu'un...

de fiable / sympa / complice.

d' ouvert / honnête / engagé.

qui me / m' / te / t' aide / adore / écoute / épaule / fait rire / dit la vérité.

qui ne juge / ment pas.

que je / j' / on adore / écoute / respecte / consulte.

que je ne trahis / dénonce pas.

---

1 À deux: jeu des définitions. Partenaire A définit les mots dans la liste A, partenaire B définit les mots de la liste B.

Exemple: _____

B: Une copine, c'est quelqu'un de fiable, qui t'épaule et qui te respecte. C'est aussi quelqu'un qu'on écoute et consulte...

_____

A
copain
petite amie
fiancé
femme
épouse

B
copine
petit ami
fiancée
mari
époux

2   a 🎧 Lisez ces trois textes au sujet de l'amitié et l'amour. Écoutez trois commentaires: on parle de quelle personne, A, B ou C?

Personne A

J'ai un gros problème. Je crois que ma meilleure amie est jalouse de mon petit ami. Elle sait bien que je tiens à lui, elle sait aussi que, lui, il n'est pas du tout jaloux ou exclusif. Elle, par contre, refuse de s'intégrer quand on est ensemble ou en groupe. Elle ne fait que bouder et dès qu'on est seules à nouveau elle m'accuse constamment de l'avoir coupée du groupe. Je préfère sacrifier une copine que contrarier mon petit ami.

Personne B

Je me demande si une fille et un garçon peuvent être copains-copains. On sort en bande et on discute et rigole. Pour moi, c'est délicat de distinguer entre l'amour et l'amitié. À partir du moment où on sent une certaine complicité avec une fille, c'est qu'on est sans doute déjà amoureux d'elle. Je connais une fille extraordinaire qui me* plaît énormément. Je suis sûr que je lui* plais aussi, mais elle sort avec quelqu'un d'autre. Alors, je crois qu'il vaut mieux rompre mes rapports avec elle. Sinon, ça va fumer!

Personne C

Je connais un garçon qui est éperdument amoureux de moi. Il cherche à me faire des compliments à tout moment. Toutes mes copines sont jalouses de moi et m'accusent de l'avoir séduit exprès. Je ne l'ai jamais encouragé à tomber amoureux de moi. Je n'ai pas de petit ami, c'est vrai, mais en fait je ne suis pas amoureuse de lui, voilà tout. Pour moi**, c'est un grand ami avec qui je peux discuter, rigoler, sortir, tout quoi, sauf l'amour.

* me *and* lui *are indirect object pronouns: see pages 109–10*
** moi *is a disjunctive or emphatic pronoun: see page 110*

b 💡 Relisez les trois textes et faites l'activité interactive.

Vocabulaire

tenir à quelqu'un *to be very close to someone*

bouder *to sulk*

couper *to cut (off)*

contrarier *to upset*

la connaissance *acquaintance*

ça va fumer! *there'll be trouble! (familiar)*

éperdument *hopelessly*

chercher à + inf. *to try to*

accuser quelqu'un de + inf. *to accuse someone of*

exprès *intentionally, on purpose*

tomber amoureux de *to fall in love with*

3 a 💡🎧 Écoutez l'opinion du psychologue et faites l'activité interactive.

b 🎧 Réécoutez le psychologue. Trouvez l'équivalent français pour les expressions des trois listes ci-dessous. (Quel est l'aspect grammatical commun à toutes ces expressions?)

Personne A
It's possible to love…
Without being in love…
You must not forget…
Try to see…
She doesn't feel free to join in…

Personne B
It's easy to see…
You find it hard to distinguish between…
You don't manage to make the distinction between…
It would be better to…

Personne C
If you refuse to recognise…
You must understand…
You might end up…

4 💡 À trois. Rédigez les trois commentaires du psychologue. (Feuille)

5 Servez-vous des activités 3 et 4 pour recopier et compléter les bons conseils 1–8, en ajoutant des détails et raisons.

Exemple: _____

Il faut essayer d'apprécier le point de vue de votre meilleure amie, parce qu'elle te fait confiance et peut avoir raison…

_____

Bons conseils	parce que / qu'…
1 Il faut essayer d'apprécier ……	il / elle te fait confiance et peut avoir raison.
2 Il ne faut pas confondre ……	même les amis peuvent être complices sans s'aimer.
3 N'oubliez pas de ……	vous n'arrivez pas à faire la distinction entre connaissances et amis.
4 Essayez de distinguer ……	
5 Il vaudrait mieux être ……	vous risquez de vous tromper.
6 Il est (im)possible de ……	il ne faut pas oublier que votre petit(e) ami(e) ne se sent pas menacé(e).
7 Il est facile de voir ……	
8 Il est difficile de s'intégrer si ……	*+ d'autres raisons…*

Expressions clés

Il est possible d'(aimer)…

Il est facile / difficile de comprendre / confondre / distinguer / voir…

Il faut comprendre / reconnaître…

Il ne faut pas confondre / oublier…

Il vaut / vaudrait mieux accepter / déclarer / écouter / être honnête…

Vous n'arrivez pas à (différencier)…

🔥 **Compétences**

Adapting from first to third person (revisited)

💡 **Grammaire**

Infinitive constructions

You have now seen infinitives in at least six types of construction (see also pages 118–9):

1 Modal verbs: *on peut dire que, on doit comprendre, je voudrais voir*

2 Impersonal verbs (only used in the *il* form): *il faut accepter, il vaudrait mieux déclarer*

3 *Il est* + adjective + *de*: *il est difficile de distinguer, il est possible d'aimer*

4 Verbs followed by *à* or *de* + infinitive: *je n'arrive pas à faire, essayez de voir*

5 Verbs followed by an infinitive without *à* or *de*: *je préfère être honnête, je n'ose pas parler*

6 Prepositions + infinitive: *sans tomber amoureux, pour comprendre*

Now you should be able to:

■ talk about characteristics and roles of friends

■ discuss the importance of friends and conflict between friends

■ talk about love versus friendship

Grammar

■ use relative pronouns (revisited)

■ use the perfect and imperfect tenses (revisited)

■ use infinitive constructions

Skills

■ avoid repetition of phrases and structures

■ use different writing styles

■ adapt from first to third person (revisited)

💡 Résumé

1 Écrivez une phrase en français qui dit la même chose que cette phrase:

Un bon copain, c'est quelqu'un qui t'aide sans hésiter.

2 Votre ami(e) idéal(e) serait comment?

3 Recopiez et remplissez les blancs avec le bon pronom relatif, *qui, que, qu'*:

Un bon copain, c'est quelqu'un …… est toujours prêt à m'épauler et quelqu'un …… j'apprécie. C'est aussi quelqu'un …… on respecte et …… me fait rire.

4 Écrivez une phrase pour continuer le texte:

Mon meilleur copain est quelqu'un de constant et de fidèle. C'est…

5 Comment se sentait Charlotte quand elle a écrit cette phrase?

« Pourquoi m'as-tu abandonnée, Amélie, juste au moment où j'avais besoin de toi? »

6 Complétez la phrase:

Charlotte a dénoncé son amie Amélie parce que…

7 Recopiez et complétez les phrases avec le passé composé ou l'imparfait du verbe à chaque fois:

Quand Charlotte …… (**écrire**) sa lettre sur son amitié avec Amélie, elle …… (**vouloir**) comprendre son comportement. Elle …… (**dénoncer**) son ex-meilleure amie dans la lettre parce qu'elle …… (**se sentir**) trahie par elle.

8 Décrivez la personne qui parle (exemple: *c'est un garçon qui a une copine mais…*):

« J'ai un gros problème. J'ai un très grand copain et une copine qui m'adore, mais je crois que mon copain est jaloux de moi. Normalement je ne suis pas jaloux du tout, mais je suis sûr qu'il est amoureux d'elle. Aidez-moi! »

9 Traduisez en anglais:

À partir du moment où on sent une certaine complicité avec une fille, c'est qu'on est sans doute déjà amoureux d'elle.

10 Écrivez une phrase pour décrire quelqu'un qui a du mal à décider s'il est copain avec une fille ou bien amoureux d'elle.

AQA Examiner's tips

Listening

If you hear a **long number**, repeat it to yourself in French, picture it in your mind and then write it out in figures.

Speaking

You can ask for a **question to be repeated**, but avoid asking the examiner for vocabulary you don't know.

Reading

Try **not to guess answers**. You may be able to arrive at the correct answer by eliminating the wrong ones first.

Writing

Remember that you will be **graded on your use of the French language**. Check your grammar, spelling and vocabulary.

12 La famille et les relations personnelles

Entre nous

By the end of this chapter you will be able to:

	Language	Grammar	Skills
A **Conjoints ou concubins?**	■ talk about changing attitudes towards marriage and cohabitation	■ use demonstrative pronouns ■ use impersonal verbs	■ summarise factual texts
B **Séparés ou divorcés?**	■ talk about separation and divorce	■ use direct and indirect speech (revisited)	■ widen the scope of discussions
C **Célibataires: autonomie ou solitude?**	■ talk about the benefits and drawbacks of staying single ■ talk about changing roles within the home	■ use the future tense (revisited) ■ use expressions followed by *de* + infinitive	■ adapt and blend texts

Le saviez-vous?

Pacte civil de solidarité

Voté par le gouvernement français en 1999, le pacte civil de solidarité (pacs) est un contrat entre deux personnes majeures, de sexe différent ou de même sexe, pour organiser leur vie commune. Durant les cinq premières années du pacs, plus de 200 000 couples ont signé ce contrat, qui garantit certains droits normalement réservés aux couples mariés.

Et le pacs en Grande Bretagne date de quand?

Pour commencer

Choisissez a, b, c ou d.

1 Le mariage civil correspond à...
a l'union d'un couple à l'église
b l'union d'un couple à la mairie
c la cohabitation libre d'un couple
d l'accord prénuptial d'un couple

2 Combien de mariages en France se terminent par une séparation ou un divorce?
a entre 10% et 20%
b entre 20% et 30%
c entre 30% et 50%
d entre 50% et 60%

3 Complétez la phrase:
« Chez moi ...... la plupart des responsabilités et des décisions. »
a mon père prend
b ma mère prend
c mes parents prennent
d toute la famille prend

4 Pour vous, être célibataire (pas marié) veut dire: ...... ?
a la solitude
b l'indépendance
c les deux

5 Devinez: est-ce que le nombre de mariages en France au 20ème siècle a baissé ou a augmenté?

A Conjoints ou concubins?

1 a Lisez et complétez les termes français liés au mariage, puis trouvez l'équivalent en anglais.

Exemple: _____

a3 mariage civil = civil wedding

_____

a	mariage	1	prénuptial
b	union	2	monoparentale
c	accord	3	civil
d	famille	4	libre
e	pacte civil de	5	à l'église
f	mariage célébré	6	solidarité (pacs)

single-parent family
prenuptial agreement
civil wedding
civil partnership
unmarried couple
church wedding

b Écoutez et reliez les définitions aux termes de l'activité 1a.

2 À deux. À tour de rôle, un partenaire lit une phrase, l'autre répond en choisissant une réponse dans les bulles à gauche.

C'est mérité.

J'en suis rassuré(e).

C'est une absurdité.

Si on veut.

C'est obligatoire.

C'est scandaleux!

C'est dommage.

C'est très bien, ça.

– Si on veut se marier, on doit passer devant le maire au mariage civil.

– On peut célébrer son mariage à l'église.

– Pour les couples homosexuels (entre autres) il y a le pacs.

– Pour les couples horriblement riches, qui risquent de ne plus s'aimer un jour, il y a l'accord prénuptial.

– À cause du divorce, il y a un nombre croissant de familles monoparentales.

– Si on ne veut pas être célibataire ou solitaire, il reste toujours l'union libre.

3 Regardez le graphique à gauche et lisez les phrases 1–5. Notez les années correspondant à chaque phrase.

Exemple: _____

1. 1920

_____

Les mariages du siècle
Évolution du nombre annuel de mariages (en milliers)

623
342
331 320
394
334
287 305 272
177

1920 1930 1940 1950 1960 1970 1980 1990 2000 2005

1 Après la première guerre mondiale, le nombre de mariages est remonté à plus de 600 000 par an.

2 Puis le taux de mariage a chuté pour atteindre le niveau le plus bas au cours du vingtième siècle.

3 À la suite du deuxième guerre mondiale, le taux est de nouveau remonté de presque 100%.

4 La génération des baby-boomers a entraîné le taux le plus élévé depuis cinquante ans.

5 Le nouveau millénaire a connu une légère hausse, jusqu'à plus de 300 000 mariages annuels.

4 a Lisez le texte et complétez les phrases 1–6 avec des chiffres.

Qui veut se marier?

Le taux de nuptialité a chuté dans des proportions spectaculaires depuis le début des années 70: 4,4 mariages pour mille habitants en 2005 contre proche de 8 en 1972. Quatre mariages sur cinq concernent des célibataires; leur part a diminué, tandis que celle des remariages s'est légèrement accrue. Les remariages représentent chaque année environ 15% du nombre total de mariages.

Depuis novembre 1999, le pacs (pacte civil de solidarité) permet à deux personnes habitant ensemble de s'unir contractuellement. Le nombre de couples "pacsés" a atteint près de 60 000 en 2005, et représente environ un cinquième du nombre des mariages.

L'âge moyen au moment du mariage a augmenté de six ans depuis 1970, dépassant 30 ans pour les femmes et 33 ans pour les hommes.

Le mariage n'est plus considéré comme le début de la vie de couple. 15% des personnes vivant en couple, soit environ cinq millions de personnes, préfèrent l'union libre au mariage. Neuf couples sur dix commencent leur vie commune sans se marier.

Parmi ceux qui se marient, près des deux tiers ont vécu ensemble avant le mariage, alors qu'ils étaient moins d'un sur dix pendant les années 60. La "cohabitation juvénile" ou "concubinage" n'est plus un "mariage à l'essai". Elle se transforme peu à peu en union libre.

La mise en couple se fait plus tardivement avec l'allongement de la durée des études et la difficulté à trouver un premier emploi.

D'après G. Mermet, Francoscopie 2007 © Larousse 2006

1 Le taux de mariage a diminué de presque ...... % en moins de 40 ans.

2 ...... % des nouveaux mariés se marient pour la première fois.

3 Le nombre de couples "pacsés" en 2005 est équivalent à ...... % du nombre de mariages.

4 ...... % des couples préfèrent vivre en union libre, c'est-à-dire environ ...... millions de couples.

5 Même s'ils finissent par se marier, ... % des couples commencent leur vie commune hors du mariage.

6 Environ ...... % ont cohabité avant de se marier, par rapport à ...... % pendant les années 60.

b 💡 Écrivez un résumé du texte "Qui veut se marier?" (Feuille)

5 💡🎧 Écoutez et faites les activités interactives.

6 💡 À deux. Fait ou opinion? Faites des phrases sur la vie en couple au 20ème siècle à tour de rôle. (Feuille)

💡 Grammaire

Demonstrative pronouns – *celui*, etc.

Demonstrative pronouns replace a noun and have masculine and feminine singular and plural forms: **celui**, **celle**, **ceux**, **celles**. They mean 'the one' or 'the ones'. See page 111 for more detail.

Vocabulaire

le taux de nuptialité *marriage rate (per year)*

chuter *to fall, to plummet*

la part *share*

s'accroître (pp. accru) *to increase*

atteindre (pp. atteint) *to reach*

un tiers *one third*

le concubinage *living together*

à l'essai *test, on trial*

💡 Grammaire

Impersonal verbs

Impersonal verbs don't have the usual range of forms for different personal pronouns; they are always in the *il* form. They include:
il y a (*there is/are*)
il reste (*there is/are ... left*)
il faut (*it is necessary to*)
il vaut mieux (*it is worth... / it is best to...*)

See page 118 for more detail.

🔄 Compétences

Summarising factual texts

Expressions clés

Je crois que beaucoup de gens (se marient) trop (jeunes), même aujourd'hui.

Le nombre de mariages est en baisse.

L'âge moyen au moment du mariage a augmenté.

90 % des couples commencent leur vie en union libre.

Il vaut mieux attendre et être sûr (de sa décision).

B   Séparés ou divorcés?

1 Trouvez l'anglais ou le français pour ces mots du texte ci-dessous.

A
la rupture
la hausse spectaculaire
la contrainte
le bouleversement
égalitaire

B
distribution of chores
sharing of responsibilities
housework
divorce rate

2 a Lisez le texte sur la vie de couple et faites l'activité interactive.

Bouleversement (et fin?) de la vie de couple

À la suite de la légalisation de la pilule, en 1967, pour la première fois dans l'histoire, la femme n'était plus limitée à sa condition de mère et d'épouse. À partir des années 80, le modèle de la superwoman, capable de réussir à la fois sa vie professionnelle, familiale et personnelle, a perturbé certains hommes, qui ont eu l'impression de perdre leur identité au travail, dans la société ou à l'intérieur du couple.

Aujourd'hui le partage des responsabilités et des décisions est de plus en plus égalitaire – décisions professionnelles; choix du logement; achat d'équipements; vacances; choix d'éducation des enfants. Même les tâches de ménage sont plus fréquemment partagées, en particulier chez les "métrosexuels", hommes urbains à la recherche d'une harmonie personnelle entre leur dimension masculine virile et l'acceptation de leur part féminine.

Cette évolution de la vie de couple a été accompagnée d'une hausse spectaculaire de la divortialité. Près d'un mariage sur deux se termine par une rupture, alors qu'en 1965 le taux de divorce ne s'élevait qu'à 10 % et à 30 % en 1990. Les demandes de divorce sont le plus souvent faites par les femmes, sans doute parce qu'elles trouvent plus d'inconvénients que les hommes au mariage, vis-à-vis de leur identité sociale et professionnelle, de la répartition des tâches au foyer et des contraintes familiales.

---

b Relisez le texte et trouvez les quatre phrases vraies (1–7).

1   Avant la fin des années 70, les femmes n'avaient pas le droit de prendre la pilule.

2   Il y a 30 ans environ elles ont commencé à rejeter leur rôle traditionnel de mère de famille.

3   La plupart des hommes ont décidé d'accepter ce modèle de superwoman.

4   Maintenant de plus en plus de femmes profitent des mêmes droits et responsabilités que leurs maris.

5   Grâce aux hommes plus éclairés, comme les "métrosexuels", on partage mieux les corvées de ménage.

6   Le taux de divorce reste relativement bas.

7   Les femmes cherchent à divorcer plus fréquemment que les hommes à cause de l'inégalité persistante des rôles à l'intérieur du couple.

Vous êtes:
marié(e)?
divorcé(e)?
séparé(e)?
pacsé(e)?

Non, libérée!

Vocabulaire

la pilule *the (contraceptive) pill*
l'épouse *wife, spouse*
à la fois *at the same time*
la part féminine *feminine side*
la hausse *increase, rise*
la divortialité *divorce rate*
la répartition *distribution, sharing*
la tâche au foyer *household chore*
la contrainte *restriction, constraint*

3 💡 Sondage sur le rôle des parents: faites les activités sur la feuille.

4 a 💡🎧 Écoutez une famille et faites les activités interactives.

b 🎧 Lisez les bulles 1–6. Qui a dit quoi? La fille, le fils, le père ou la mère? Écoutez encore une fois pour vérifier.

> J'étouffais à la maison, alors je me suis trouvé du travail. Je crois qu'il a été jaloux de mon travail et de mes collègues dès le début.

1

> Mon père l'a accusée d'avoir négligé ses responsabilités de mère de famille.

2

> J'espérais aussi qu'un jour ils vivraient à nouveau ensemble, mais ils ont fini par divorcer et maintenant je vis chez mon père.

3

> Elle s'occupait de moins en moins de moi et des enfants, et on a commencé à se disputer.

4

> Ils en ont tellement souffert. Par conséquent, ils ont eu tous les deux des problèmes au collège. J'en ai encore honte, mais je ne pouvais pas faire autrement.

5

> Je ne voulais pas voir se séparer mon père et ma mère, mais je dois dire que, après son départ, la vie est redevenue calme.

6

c À qui donnez-vous raison ou tort?

Exemple: _____

A: Je donne tort au père en ce qui concerne la négligence. Je trouve qu'il a négligé sa femme et ses enfants. Il faut savoir partager les responsabilités.

B: Peut-être, mais je donne aussi tort à la mère. Ils étaient contents au début, puis elle a changé de rôle, alors c'était difficile pour le père.

la négligence

la réussite scolaire

l'infidélité

le partage des tâches ménagères

la jalousie

l'hypocrisie

les responsabilités de mère / père

le salaire

le conflit

l'évolution du rôle de la femme / l'homme

l'absence de sa mère / son père

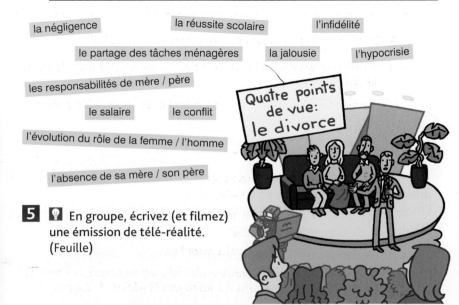

Quatre points de vue: le divorce

5 💡 En groupe, écrivez (et filmez) une émission de télé-réalité. (Feuille)

💡 **Grammaire**

Direct and indirect speech (revisited)

Il a dit: « Le week-end, je suis trop fatigué, et après tout, ma femme n'a pas d'emploi. »

In indirect or reported speech:
Il a dit que le week-end, **il était** trop fatigué, et **qu'**après tout, **sa femme** n'**avait** pas d'emploi.

When changing from direct to indirect speech, you may need to change the subject or pronoun, the verb tense and ending.

For more on indirect speech, see page 55 and pages 117–8.

▲ **Expressions clés**

À mon avis / Je trouve que / On ne peut pas dire que...

Je (ne) lui donne (pas) tort / raison.

Il/Elle a / avait raison / tort, en ce qui concerne la négligence / l'infidélité...

Il (ne) faut (pas) savoir partager les responsabilités / discuter / accepter / être jaloux / infidèle / négligent...

Si on ne partage pas les corvées de ménage, on risque de se disputer.

La mère / Le père devait s'occuper de la famille et du ménage.

Elle / Il a négligé ses responsabilités.

Elle / Il s'occupait trop de sa vie professionnelle.

Le père a été jaloux de son travail et de ses collègues.

🔧 **Compétences**

Widening the scope of discussions

C   Célibataires: autonomie ou solitude?

Stéphanie, 25 ans

Daniel, 27 ans

1 💡 Regardez les adjectifs et les noms et faites l'activité interactive.

2 a 💡🎧 Écoutez Stéphanie et Daniel et faites l'activité interactive.

b 🎧 Réécoutez et notez les phrases (1–13) de la liste qui sont mentionnées.

Stéphanie
1 être tout à fait disponible
2 j'ai quelques copains
3 je n'aime pas qu'on me critique
4 en couple on risque d'avoir des enfants
5 j'ai choisi la liberté, la disponibilité et l'autonomie
6 je me sens seule

Daniel
7 sans responsabilité, sans engagement
8 c'était la liberté individuelle totale
9 je détestais la solitude
10 le privilège de prendre des décisions ensemble
11 mes parents n'auront pas de petits-fils
12 le taux de natalité a chuté
13 ce n'est pas égoïste

c 🎧 Réécoutez et écrivez des phrases sur Stéphanie et Daniel avec au moins cinq détails par personne.

Exemple: _____

Stéphanie est contente d'être célibataire parce qu'elle est disponible et… / grâce à la disponibilité et…

Daniel n'est pas content d'être célibataire, parce qu'il…. / grâce à…

3 💡 Continuez la phrase le plus longtemps possible! (Présentation)

Exemple: _____

A: En tant que célibataire **on est autonome parce que**…

B: En tant que célibataire on est autonome parce qu'**on peut prendre ses propres décisions** en ce qui concerne…

A: En tant que célibataire on est autonome parce qu'on peut prendre ses propres décisions en ce qui concerne **sa vie personnelle car**…

Expressions clés

adjectifs
autonome, libre, disponible, limité, égoïste, seul

conjonctions
parce que, puisque, car, en ce qui concerne, à cause de, et, mais, par contre, donc, alors

---

💡 **Grammaire**

The future tense (revisited)

For the immediate future tense, use the present tense of *aller* and an infinitive to say what someone is going to do:
On va finir par divorcer. ***We're going to end up** getting divorced.*

For the simple future tense, i.e. to say 'I will do', you need:

▪ stem: *-er* and *-ir* verbs = whole infinitive, *-re* verbs = drop final *-e*.

▪ endings: **-ai -as -a -ons -ez -ont**

See page 115.

4 a 💡 Lisez le texte et faites les activités interactives.

Sauvons la France!

AUX ARMES, CITOYENS!

Quatre mariages sur dix se terminent par une rupture. Le taux de divorce a doublé et le nombre de mariages a diminué de plus d'un tiers depuis 1975.

Le taux de natalité est en baisse continue et on est en pleine crise de retraites: surcroît de retraités, déficit de jeunes gens et d'enfants.

Attention, les célibataires: sauvons la France!

JE DIS NON!

« Je trouve absurde l'idée de demander aux célibataires d'abandonner leur mode de vie, rien que pour arrêter la chute de la natalité. Ils ont le droit absolu de vivre leur vie sans être accusés d'égoïsme. Ils ont raison, d'ailleurs, de ne pas se marier ou s'engager en vie de couple. À quoi bon épouser quelqu'un et élever des enfants, quand on sait bien qu'on va sans doute finir par divorcer et aliéner ses enfants? Au contraire, je trouve que les célibataires montrent un sens de responsabilité admirable: ils ont choisi la liberté personnelle et même la solitude par civisme et non pas par égoïsme. Bravo, les célibataires! »

JE DIS OUI!

« Je connais des dizaines de célibataires qui sont non seulement seuls et isolés mais aussi déprimés. Ils ont peut-être peur, vu les statistiques sur le divorce, les ruptures de mariages et les familles monoparentales, de la vie en couple. Mais cette idée de liberté, d'autonomie et de disponibilité n'est qu'une grande illusion. Tout le monde sait que la famille est l'ancre solide de la société. Les enfants en ont besoin autant que la société. En plus, les couples ont des bénéfices financiers dont* les célibataires ne peuvent pas profiter. C'est normal, je trouve. Brisons la solitude, mais ne brisons ni la famille ni la société. Au secours, les célibataires! »

* dont (of which) is a relative pronoun: see page 110

b Relisez le texte et trouvez l'équivalent de ces expressions.

JE DIS NON!		JE DIS OUI!	
1	tout simplement pour	4	à cause des statistiques
2	ils méritent de	5	est fausse
3	pourquoi	6	cassons

5 💡 À vous de dire "oui" ou "non". Adaptez les textes. (Feuille)

Exemple: _____

"Sauvons la France, les célibataires?" Personnellement, je dis oui. Pourquoi? D'abord, parce que moi aussi, je connais des célibataires qui se sentent seuls. En plus…

"Sauvons la France, les célibataires?" Personnellement, je dis non. Pourquoi? D'abord, parce que moi aussi, je trouve que c'est absurde de demander aux célibataires d'abandonner leur mode de vie, tout simplement pour arrêter la chute de la natalité…

6 💡 Écrivez une rédaction ou faites une présentation sur la famille ou les relations personnelles. (Feuille)

Grammaire

Expressions using de + infinitive

Find three examples of *de* + infinitive in "JE DIS NON!" and translate them into English. Can you extend this list to 10 different expressions? See page 119.

Vocabulaire

la retraite *retirement, pension*

le surcroît *excess (in numbers)*

rien que pour + inf. *simply to*

à quoi bon + inf.? *what's the point of…?*

aliéner *to distance, to alienate*

le civisme *(sense of) civic duty*

déprimé *depressed*

l'ancre *anchor*

autant que *as much as*

briser *to shatter*

au secours! *help!*

le taux de natalité *birth rate*

Compétences

Adapting and blending texts

Expressions clés

Si on habite avec quelqu'un, / Si on est célibataire / seul,

on (n') est (pas) autonome / libre / disponible / limité / égoïste

on (n') est (pas) libre de faire comme on veut / obligé de considérer son / sa partenaire

On (ne) peut (pas) prendre ses propres décisions / accepter certaines responsabilités.

On risque aussi d'avoir des enfants / ne pas avoir d'enfants.

Now you should be able to:

- ■ talk about changing attitudes towards marriage and cohabitation
- ■ talk about separation and divorce
- ■ talk about the benefits and drawbacks of staying single
- ■ talk about changing roles within the home

Grammar

- ■ use demonstrative pronouns
- ■ use impersonal verbs
- ■ use direct and indirect speech (revisited)
- ■ use the future tense (revisited)
- ■ use expressions followed by *de* + infinitive

Skills

- ■ summarise factual texts
- ■ widen the scope of discussions
- ■ adapt and blend texts

💡 Résumé

1 C'est quoi?

Un contrat financier pour la protection du conjoint ou de la conjointe (de vedette) en cas de divorce.

2 Écrivez une phrase qui veut dire la même chose que cette phrase:

La mise en couple se fait plus tardivement avec l'allongement de la durée des études et la difficulté à trouver un premier emploi.

3 Complétez la phrase, en employant *il ne va pas…*, *il n'est plus essentiel de…*, *il est permis de…* ou une autre expression de votre choix.

Si un couple attend un bébé…

4 Complétez les phrases avec les bons pronoms démonstratifs (*celui, celle, ceux, celles*):

a Vous parlez de quel couple – …… -ci?

b Le mariage n'est plus considéré comme le début de la vie de couple: ……-ci commence souvent par l'union libre.

c Parmi …… qui se marient, près des deux tiers ont vécu ensemble avant le mariage.

d En ce qui concerne les personnes majeures, …… qui souhaitent organiser leur vie commune sans se marier ont la possibilité de profiter du pacs.

5 Traduisez en anglais:

L'évolution de la vie de couple a été accompagnée d'une hausse spectaculaire de la divortialité.

6 Mettez les mots dans le bon ordre pour faire une phrase qui décrit une situation familiale problématique:

pas donne au père parce qu'il les enfants. n'a Je partagé avec sa femme tort et ses responsabilités

7 Mettez les phrases au discours indirect (*indirect speech*):

« Le week-end, je suis trop fatigué et ma femme n'a pas de travail, alors je ne fais pas de tâches ménagères. » Il a dit que…

8 Écrivez une phrase pour décrire la solitude des célibataires.

9 Complétez les phrases avec la bonne forme des verbes au futur:

En tant que célibataire, on n'…… (**avoir**) jamais la possibilité de partager ses décisions et ses opinions, alors je me …… (**chercher**) un(e) partenaire avec qui je …… (**pouvoir**) partager mes valeurs. En plus, mes parents …… (**avoir**) peut-être des petits-enfants, ce qui leur …… (**faire**) du plaisir.

10 Que pensez-vous de ceux qui préfèrent rester célibataires?

AQA Examiner's tips

Listening

Ask your teachers to recommend a French **website** or **radio programme**. Listening to French in a real situation will develop your listening skills.

Speaking

Avoid complicated replies. You may lose track of what you're trying to say.

Reading

Write neatly. A correct answer might be marked wrong if the examiner is unable to read your work.

Writing

Take time to read through what you've written and make improvements where necessary.

Grammaire

1 Nouns and articles

2 Adjectives and adverbs

3 Pronouns

4 Demonstrative adjectives and pronouns

5 Indefinite adjectives and pronouns

6 Possessive adjectives and pronouns

7 Verbs

8 Prepositions

9 Conjunctions

10 Interrogatives

11 Verb tables

1 Nouns and articles

1.1 Gender of nouns

Knowing the gender of a French noun is largely a question of careful learning, but there are guidelines to help you. The following general rules apply, but be careful as there are exceptions.

Masculine nouns

Nouns ending in the letter groups listed below are masculine – but note the exceptions.

ending	example	exceptions
-acle	un obstacle	
-age	le courage	la cage, une image, la page, la plage
-al	le total	
-ail	le portail	
-amme	le programme	la gamme
-eau	un oiseau	
-ème	le problème	
-er	le fer	la mer
-et	le billet	
-isme	le tabagisme	
-ment	le commencement	la jument
-oir	le miroir	

Feminine nouns

Nouns ending in the letter groups listed below are feminine – but note the exceptions.

ending	example	exceptions
-ance	la tendance	
-anse	la danse	
-ée	la journée	le lycée, le musée
-ence	la prudence	le silence
-ense	la défense	
-esse	la jeunesse	
-eur	la douceur	le bonheur, le malheur
-ie	la vie	le génie
-ière	la matière	le cimetière
-ise	la valise	
-sion	une expression	
-tié	une amitié	
-té	la santé	le côté, le pâté, le traité, le comité
-tion	la natation	le bastion
-ure	la nature	

Masculine nouns with modified feminine form

The feminine equivalent of many masculine nouns is formed by adding -e:

un commerçant – une commerçante
un Américain – une Américaine

Other patterns for masculine and feminine forms are listed below.

masc. ending	fem. ending	masculine noun	feminine noun
-eur	-euse	le chanteur	la chanteuse
-eur	-rice	un instituteur	une institutrice
-eau	-elle	le jumeau	la jumelle
-er	-ère	le boulanger	la boulangère
-ien	-ienne	un Italien	une Italienne
-on	-onne	le Breton	la Bretonne
-f	-ve	le veuf	la veuve
-x	-se	un époux	une épouse

Single gender nouns

Some nouns retain the same gender, irrespective of the person described.

Always masculine:

un amateur, un auteur, un bébé, un écrivain, un ingénieur, un médecin, un peintre, un professeur (but un/une prof), un sculpteur, un témoin

Always feminine:

une connaissance, une personne, une recrue, une sentinelle, une star, une vedette, une victime

1.2 Plural forms of nouns

The plural of a noun is normally formed by adding -s:

un livre – des livres

Other patterns for singular/plural forms are listed below.

sing. ending	pl. ending	example (sing./pl.)
-al	-aux *or* -als	animal/animaux bal/bals, festival/festivals
-ail	-aux *or* -ails	travail/travaux détail/détails
-au, -eau, -eu	*add* -x	bateau/bateaux, jeu/jeux
-ou	-ous *or* -oux	trou/trous bijou/bijoux, genou/genoux
-s, -x, -z	*no change*	fils/fils, voix/voix, gaz/gaz

Learn these special cases:

le ciel – les cieux

un œil – les yeux

le grand-parent – les grands-parents

madame – mesdames

mademoiselle – mesdemoiselles

monsieur – messieurs

1.3 Definite and indefinite articles

Definite articles: *le*, *la*, *l'*, *les* – 'the'

The definite article is usually used in the same way as 'the' in English. However, in French it is often required where 'the' is omitted. Learn these in particular:

1 Before abstract nouns or nouns used to generalise:

L'argent donne la liberté. Money gives freedom.

2 Before names of continents, countries, regions and languages:

La France est le pays de l'Europe le plus visité.
France is the most visited country in Europe.

Le français n'est pas trop difficile.
French is not too difficult.

But the definite article is not required after *en* and *de*, with feminine place names only:

Cette année, nous allons en Normandie.
Elle revient de Norvège.

It is also not required with languages placed immediately after the verb *parler*:

Ici, on parle japonais.

3 Before arts, sciences, school subjects, sports, illnesses:

La physique nous permet de mieux comprendre l'univers. Le sida nous fait bien peur.

4 Before parts of the body:

Pliez les genoux. Il s'est cassé la jambe.

5 Before meals and drinks:

Le petit déjeuner est servi à partir de sept heures.

6 Before fractions:

Les trois quarts de l'électorat sont indifférents.

7 Before titles:

Le président Sarkozy.

Indefinite articles: *un*, *une*, *des* – 'a', 'an', 'some', 'any'

Note that *un/une* is not needed in the following situations:

1 When stating a person's occupation:

Mon père est médecin. My father is **a** doctor.

2 After *quel, comme, en, en tant que, sans, ni*:

Quel frimeur! What a show off!

Je vous parle en tant que professeur.
I'm speaking to you as a teacher.

Tu n'as ni crayon ni stylo?
Haven't you got either a pencil or a pen?

3 In a list:

Étudiants, ouvriers, cadres: tous étaient là.
Students, workers, managers: they were all there.

1.4 Partitive articles: *du, de la, de l', des* – 'some', 'any'

The partitive article means 'some' or 'any' and describes an unspecified quantity.

*Je voudrais **du** beurre s'il vous plaît.*
I'd like **some** butter, please.

	singular	plural
masculine	du / de l'	des
feminine	de la / de l'	des

All the forms change to *de* in the following situations:

1 After a negative verb (this also applies to the indefinite article *un* and *une*):

*Je joue **du** violon, je ne joue pas **de** piano.*
I play the violin, I don't play the piano.

(But note there is no change after *ne... que*:

*Il ne mange que **du** poisson.* He only eats fish.)

2 In expressions of quantity such as *assez de*, *trop de*:

*Ça cause trop **de** pollution.*
It causes too much pollution.

3 With plural nouns preceded by an adjective:

*On fait **des** efforts/On fait **de gros** efforts pour...*
We're making great efforts to...

4 In expressions such as:

bordé de, couvert de, entouré de, plein de, rempli de

2 Adjectives and adverbs

2.1 Adjective agreement and position

Adjectives must agree in gender and number with their noun. Usually a masculine singular form needs to add -e for the feminine form, -s for the plural and -es for feminine plural.

masc. sing.	fem. sing.	masc. pl.	fem. pl.
vert	verte	verts	vertes

Adjectives that already end in -e do not need an extra -e in the feminine form: *jeune/jeune*. Those that end in -s or -x do not change in the masculine plural form: *dangereux/dangereux*.

Other patterns for masculine/feminine endings:

masc. sing.	fem. sing.	example
-er	-ère	mensonger/mensongère
-eur	-euse	trompeur/trompeuse
-f	-ve	informatif/informative
-x	-se	dangereux/dangereuse
-l	-lle	nul/nulle
-on	-onne	bon/bonne
-eil	-eille	pareil/pareille
-el	-elle	officiel/officielle
-en	-enne	moyen/moyenne
-et	-ète	inquiet/inquiète
-c	-che *or* que	blanc/blanche, public/publique

Invariable adjectives

Some adjectives never change; in dictionaries these are marked **inv.** for invariable. They include compounds such as *bleu foncé*, *bleu marine*, and colours where a noun is used as an adjective, such as *marron* ('chestnut').

Position of adjectives

Most adjectives <u>follow</u> the noun they describe: *une jupe bleue, une chemise blanche*.

However several common adjectives come <u>before</u> the noun they describe: *le mauvais temps, le premier avril*. These include:

beau	bon	gentil	joli	mauvais	méchant
vilain	grand	gros	haut	petit	vaste
jeune	nouveau	vieux	premier	deuxième	

2.2 Comparatives and superlatives

By adding *plus... que* (more... than), *moins... que* (less... than) or *aussi... que* (as... as) around adjectives, you can compare one thing to another. Each adjective still has to agree with its noun.

*Les spots sont **plus amusants que** les émissions de télé, mais **moins intéressants que** le cinéma.*
Adverts are **more amusing than** TV programmes, but **less interesting than** the cinema.

To form superlatives (the most/biggest/best, etc.), use *le/la/les plus/moins* + adjective:

*C'est le problème **le plus difficile**.*
It's **the most difficult** problem.

*Ce sont les filles **les moins sportives**.*
They are **the least sporty** girls.

Some useful irregular forms:

bon – meilleur(e)(s) – le/la/les meilleur(e)(s)
good, better, the best

mauvais – pire – le/la/les pire(s)
bad, worse, the worst

2.3 Adverbs and adverbial phrases

Formation

Most adverbs are formed from the feminine form of an adjective plus *–ment*:

franc/franche frank – *franchement* frankly

Adjectives ending in a vowel use the masculine form to form the adverb:

absolu – absolument

Adjectives ending in -ent or -ant use the following pattern:

évident – évidemment, constant – constamment

A number of adverbs end in *-ément*:

profond – profondément, énorme – énormément

Note two irregular forms:

bon – bien (good, well)
mauvais – mal (bad, badly)

Usage

Adverbs qualify verbs and once they are formed never change (unlike adjectives). Very often an adverb describes how or when an action happens.

Il chante constamment. He sings constantly.

Adverbs usually follow verbs. In a compound tense, they come between the auxiliary and the past participle:

*J'ai **poliment** demandé la permission.*
I asked permission politely.

But many adverbs of time and place follow the past participle:

*Je l'ai vu **hier**.* I saw him yesterday.

Some adverbs are words you already know but may not think of as adverbs.

- intensifiers and quantifiers, i.e. to show how strongly an adjective applies:
  très, un peu, trop, si, seulement, beaucoup, assez, plus, moins, tellement, presque
- adverbs of time:
  après, avant, toujours, hier, aujourd'hui, demain, d'abord, enfin, parfois, souvent, tard, tôt
- adverbs of place:
  ici, là, ailleurs, loin, dessus, dessous, dedans, devant, derrière, partout

Comparatives and superlatives of adverbs

These are formed in the same way as for adjectives:

moins souvent que..., plus vite que..., aussi facilement que...

Note two irregular forms:

bien – mieux – le mieux (well, better, the best)

mal – pire – le pire (badly, worse, the worst)

*Il parle **bien** allemand mais il parle **mieux** français.*
He speaks German well but French better.

■ 3 Pronouns

3.1 Subject pronouns

singular		plural	
je	*I*	**nous**	*we*
tu	*you*	**vous**	*you (plural or polite)*
il	*he, it*	**ils**	*they (m. or m. & f.)*
elle	*she, it*	**elles**	*they (f.)*
on	*one, we*		

These are the familiar pronouns which are learned with verb forms.

Use *tu* when talking to a child, a person your own age or an adult you know very well such as a member of your family.

Use *vous* when talking to more than one person, a person you don't know or an adult you know but are not on familiar terms with.

Use *on* when talking about people in general and also, in informal speech, for 'we' (instead of *nous*).

When referring to a mixed group of people, remember to use the masculine plural *ils*.

3.2 Object pronouns

An object pronoun replaces a noun that is not the subject of the verb but is affected by that verb, i.e. is the object. Unlike in English, the pronoun goes before the verb.

A <u>direct</u> object pronoun replaces a noun linked 'directly' to the verb.

*Tu aimes **les haricots**? Je **les** adore!*
Do you like beans? I love **them**!

*Tu connais **Thomas**? Oui, je **le** connais bien.*
Do you know Thomas? Yes, I know **him** well.

An <u>indirect</u> object pronoun replaces a noun that is linked to the verb by a preposition, usually *à*.

*Je téléphone **à ma mère**. Je **lui** téléphone tous les jours.* I phone **her** every day.

*Je demande **à mes copains** de sortir. Je **leur** demande de jouer au tennis.* I ask **them** to play tennis.

direct object pronouns		indirect object pronouns	
me	*me*	me	*(to) me*
te	*you*	te	*(to) you*
le (l')	*him, it*	lui	*(to) him/it*
la (l')	*her, it*	lui	*(to) her/it*
nous	*us*	nous	*(to) us*
vous	*you*	vous	*(to) you*
les	*them*	leur	*(to) them*

Note that for the first and second persons, (me, you, us, you pl.), the direct and indirect object pronouns are identical: *me, te, nous, vous*.

For the third person (him, her, it, them), the object pronouns are different: *le, la, les* for direct and *lui, leur* for indirect.

If two object pronouns occur together, this is the sequence: *me, te, nous, vous* go before *le, la, les* which go before *lui, leur*.

*Vous **me l'**avez dit.* You told me. (You told it to me.)

*Je **les lui** ai offerts.* I gave them to her.

See 3.6 for order when used with *y* and *en*.

3.3 Disjunctive (or emphatic) pronouns

	singular		plural
moi	*me*	nous	*us*
toi	*you (sing.)*	vous	*you (plural)*
lui	*him*	eux	*them (masc.)*
elle	*her*	elles	*them (fem.)*
soi	*one, oneself (used with* on*)*		

Disjunctive pronouns, which always refer to people not things, are used:

1   For emphasis:
   ***Moi**, je ne suis pas d'accord.* **I** don't agree.
   *C'est **lui** qui devrait céder, pas **elle**.*
   It's him who should give way, not her.

2   Before -*même(s)*, meaning '-self' or '-selves':
   *Il l'a construit **lui-même**.* He built it himself.

3   After prepositions such as *chez, pour, sans, avec*:
   *Tu vas rentrer directement chez **toi**?*
   Are you going straight back home?
   *Chacun pour **soi**!* Each one for himself!
   *Ils sont partis avec/sans **nous**.*
   They left with/without us.

4   After certain verbs followed by *à* or *de*:
   verb + *à*, e.g. *faire attention à, penser à, s'adresser à, s'intéresser à*
   *Elle pense toujours **à lui**.*
   She's always thinking about him.
   *Il faut faire attention **à eux**.*
   You have to pay attention to them.
   verb + *de*, e.g. *dépendre de, penser de, profiter de, s'approcher de*
   *Qu'est-ce qu'elle pense de **moi**?*
   What does she think of me?
   *Elle s'est approchée de **lui**.* She approached him.

3.4 Relative pronouns

Relative pronouns are words like 'who', 'which' and 'that', used to connect two parts of a sentence.

qui	*who, which, that*
que	*who, whom, which, that*
ce qui	*what, something that*
ce que	*what, something that*
où	*where, when*
dont	*of which, whose*
quoi	*what*
lequel, laquelle, lesquels, lesquelles	*which*

1   *Qui* is the most common of these. It represents someone or something that is the subject of the verb that follows:
   *Elle s'entend bien avec sa mère, **qui** l'écoute attentivement.* She gets on well with her mother, who listens to her carefully.

2   *Que* is used when the pronoun relates to someone or something that is the object of the verb:
   *C'est quelqu'un **que** j'écoute attentivement.*
   He/She is someone (whom/that) I listen to carefully.

3   *Ce qui* is used for the subject of a verb:
   ***Ce qui** est essentiel, c'est...* What is essential is...
   and *ce que* is used for the object of a verb:
   ***Ce que** je préfère, c'est...* What I prefer is...

4   Examples of the other relative pronouns:
   *La ville **où** nous habitons est très grande.*
   The town where we live is very big.
   *Voilà le magasin **dont** j'ai parlé.* There is the shop that I've spoken about/about which I've spoken.
   *C'est un sport dans **lequel** on peut rencontrer les autres.* It's a sport in which you can meet others.

3.5 Pronouns *y* and *en*

The pronoun **y** has two main uses:

1 Meaning 'there' or 'to there', replacing a place already mentioned:
*On **y** va?* Shall we go (there)?

2 Replacing a noun (not a person) or a verb introduced by *à*, such as *penser à quelque chose*:
*As-tu pensé aux conséquences? Non, je n'**y** ai pas pensé.*
Have you thought of the consequences? No, I have not thought about them.

The pronoun **en** has two main uses:

1 Meaning 'from there' or 'out of there':
*Il a mis la main dans sa poche et il **en** a sorti un billet de 100 euros.*
He put his hand in his pocket and got out a 100-euro note.

2 Replacing a noun (not a person) or a verb introduced by *de,* such as *empêcher quelqu'un de faire*:
*Marie, que penses-tu de ton cadeau? J'**en** suis ravie.*
Marie, what do you think of your present? I'm delighted with it.
*Pourquoi n'a-t-il pas protesté? Parce que les autorités l'**en** ont empêché.*
Why didn't he protest? Because the authorities prevented him (from protesting).
In this case, *en* often has the sense of 'some', 'any', 'of it', 'about it', 'of them':
*Tu n'as pas de l'argent à me prêter? Si, j'**en** ai.*
Haven't you got any money to lend me? Yes, I have some.

3.6 Order of pronouns

The sequence of pronouns before a verb is as follows:

1	2	3	4	5
me te se nous vous	le la les	lui leur	y	en

*Il **m'en** a parlé. Il ne comprend pas la blague: il faut **la lui** expliquer.*
He has talked **to me about it**. He does not understand the joke: you have to explain **it to him**.

4 Demonstrative adjectives and pronouns

Demonstrative adjectives are the equivalent of 'this', 'that', 'those', 'these' used before a noun.

*Je voudrais **ces** chaussures.* I'd like **these/those** shoes.

	singular	plural
masculine	ce (cet before vowel or silent h)	ces
feminine	cette	ces

To be more precise you can add *-ci* or *-là* after the noun:

Je voudrais ce manteau-ci. I'd like this coat here.

Je voudrais ces bottes-là. I'd like those boots there.

Demonstrative pronouns are similar to the adjectives above but replace the noun, so are the equivalent of 'this one', 'that one', 'these ones', 'those ones'. They are often followed by *qui, que* or *de*, to say things like 'the one that...' or 'those who...'

*Regarde la liste des films: voici **celui** que je préfère.* Look at the film list: this is the one I prefer.

	singular	plural
masculine	celui	ceux
feminine	celle	celles

You can add *-ci* or *-là* to emphasise that you're referring to 'this one here' or 'those ones there'.

Je préfère celles-ci. I prefer <u>these</u> ones.

5 Indefinite adjectives and pronouns

These are words like *autre, chaque/chacun, même, plusieurs, quelque/quelqu'un, tout*.

J'ai choisi l'autre film. J'ai vu les autres.
I chose the other film. I've seen the others.

Chaque semaine, je joue au badminton.
Each week, I play badminton.

Chacun choisit un sport. Each person chooses a sport.

- *Quelque* has a plural form: *quelques semaines, quelques jours*. It is used without an *-s* before numbers, to mean 'about':

  Les quelque 300 mille estivants...
  The 300,000 or so holidaymakers...

- Note the use of *de* + adjective in phrases like *quelque chose d'intéressant, quelqu'un de bien, rien de nouveau*.

6 Possessive adjectives and pronouns

A **possessive adjective** must agree with its noun.

Mon *père m'énerve.* **Ma** *mère est trop stricte.*

	masculine	feminine	masc. & fem plural
my	mon	ma	mes
your	ton	ta	tes
his, her, its, one's	son	sa	ses
our	notre	notre	nos
your	votre	votre	vos
their	leur	leur	leurs

Possessive pronouns need a definite article (a word for 'the') – see table below.

C'est à qui ce sac? *C'est* **le mien**.
Whose is this bag? It's mine.

	masc. sing.	fem. sing.	masc. pl.	fem. pl.
mine	le mien	la mienne	les miens	les miennes
yours	le tien	la tienne	les tiens	les tiennes
his, hers, one's	le sien	la sienne	les siens	les siennes
ours	le nôtre	la nôtre	les nôtres	les nôtres
yours	le vôtre	la vôtre	les vôtres	les vôtres
theirs	le leur	la leur	les leurs	les leurs

7 Verbs

7.1 The present tense

There is only one form of the present tense in French but it has various meanings in English:

Il cherche une émission.
He is looking for a programme.

Il cherche en ligne?
Does he look on line?

Non, il cherche dans le journal.
No, he looks in the newspaper.

Also (see 7.23):

Il cherche depuis une heure.
He's been looking for an hour.

Regular verbs

Many verbs fall into three main groups or 'conjugations' according to whether their infinitive ends in *-er, -ir* or *-re*. You find the present tense stem by removing the two-letter ending, and then add the regular endings shown in bold in the table below.

	-er: jouer	-ir: finir	-re: attendre
je/j'	joue	finis	attends
tu	joues	finis	attends
il/elle/on	joue	finit	attend
nous	jouons	finissons	attendons
vous	jouez	finissez	attendez
ils/elles	jouent	finissent	attendent

Irregular verbs

Some key verbs are irregular in the present tense; you need to learn these patterns by heart.

avoir (*to have*)	j'ai, tu as, il a, nous avons, vous avez, ils ont
être (*to be*)	je suis, tu es, il est, nous sommes, vous êtes, ils sont
aller (*to go*)	je vais, tu vas, il va, nous allons, vous allez, ils vont
venir (*to come*)	je viens, tu viens, il vient, nous venons, vous venez, ils viennent
faire (*to do/make*)	je fais, tu fais, il fait, nous faisons, vous faites, ils font
prendre (*to take*)	je prends, tu prends, il prend, nous prenons, vous prenez, ils prennent
dormir (*to sleep*)	je dors, tu dors, il dort, nous dormons, vous dormez, ils dorment
dire (*to say*)	je dis, tu dis, il dit, nous disons, vous dites, ils disent

écrire (to write)	j'écris, tu écris, il écrit, nous écrivons, vous écrivez, ils écrivent
lire (to read)	je lis, tu lis, il lit, nous lisons, vous lisez, ils lisent
mettre (to put)	je mets, tu mets, il met, nous mettons, vous mettez, ils mettent
recevoir (to receive)	je reçois, tu reçois, il reçoit, nous recevons, vous recevez, ils reçoivent
voir (to see)	je vois, tu vois, il voit, nous voyons, vous voyez, ils voient
connaître (to know)	je connais, tu connais, il connaît, nous connaissons, vous connaissez, ils connaissent

Modal verbs

	pouvoir (can/to be able to)	devoir (must/to have to)	vouloir (to want to)	savoir (to know how to)
je	peux	dois	veux	sais
tu	peux	dois	veux	sais
il/elle/on	peut	doit	veut	sait
nous	pouvons	devons	voulons	savons
vous	pouvez	devez	voulez	savez
ils/elles	peuvent	doivent	veulent	savent

When modal verbs are followed by another verb, the latter is in the infinitive:

On doit accepter… We have to accept…
Tu peux regarder… You can watch...
Ils savent nager. They know how to swim.

7.2 The perfect tense

Use the perfect tense to express completed actions in the past, e.g. 'I played' or 'I have played'.

To form the perfect tense you need two parts: an auxiliary (a present tense form of *avoir* or *être*) and a past participle. Past participles are explained in 7.3.

Verbs which take *avoir*

Most verbs use the present tense of *avoir* (*j'ai, tu as, il a, nous avons, vous avez, ils ont*) to form the perfect tense.

*Il **a fait** du sport.* He played sport.

*Nous **avons pris** le train.* We took the train.

Verbs which take *être*

Some common verbs use the present tense of *être* to form the perfect tense instead (*je suis, tu es, il est, nous sommes, vous êtes, ils sont*).

*Je **suis allé** en ville.* I went to town.

*Il **est descendu** du bus.* He got off the bus.

You need to memorise which verbs take *être*; they are mostly connected with movement, and it can help to learn them in pairs as in the table below.

aller	to go	venir	to come
arriver	to arrive	partir	to leave
entrer	to enter, to go in	sortir	to go out
monter	to go up	descendre	to go down
naître	to be born	mourir	to die
retourner	to return	rentrer	to go home
rester	to stay	tomber	to fall
devenir	to become	revenir	to come back

Also all **reflexive verbs** form the perfect tense with *être*.

*Je **me suis** très bien **amusé**.* I had a great time.

*Elle **s'est habillée** en clown.* She wore a clown outfit.

With all these *être* verbs, the past participle must agree with the subject of the verb, adding a final -*e* for a feminine subject, -*s* for plural, -*es* for feminine plural.

*Marie est **sortie**.* Marie went out.

*Ils sont **rentrés**.* They returned.

je suis arrivé/arrivée	nous sommes arrivés/ arrivées
tu es arrivé/arrivée	
il est arrivé	vous êtes arrivé/arrivée/ arrivés/arrivées
elle est arrivée	
on est arrivé/arrivée/arrivés/ arrivées	ils sont arrivés
	elles sont arrivées

7.3 The past participle

The past participle is a key element of the perfect tense (see 7.2) and other past tenses such as the pluperfect (7.8) and the perfect infinitive (7.21).

For regular verbs it is formed as follows:

-er verbs – é	-ir verbs – i	-re verbs – u
trouver – **trouvé**	finir – **fini**	vendre – **vendu**

Some past participles are irregular and need to be learned:

English	infinitive	past participle
to have	avoir	eu
to drink	boire	bu
to know	connaître	connu
to run	courir	couru
to have to	devoir	dû
to say	dire	dit
to write	écrire	écrit
to be	être	été
to do	faire	fait
to read	lire	lu
to put	mettre	mis
to die	mourir	mort
to be born	naître	né
to open	ouvrir	ouvert
to be able	pouvoir	pu
to take	prendre	pris
to receive	recevoir	reçu
to know how to	savoir	su
to come	venir	venu
to live	vivre	vécu
to see	voir	vu
to want	vouloir	voulu

Past participles have an additional final -e, -s or -es to agree with the subject when *être* is the auxiliary used to form the perfect tense.

When *avoir* is the auxiliary, normally the past participle does not change... <u>unless</u> there is a direct object which comes before the verb. When this happens in the sentence, the past participle has to agree with the object (called a 'preceding direct object').

In the sentence below, *une tasse* is the direct object and it comes before the verb *ramener* (to bring):

J'ai fabriqué **une tasse que j'ai ramenée** *à la maison.*
I made a cup that I brought home.

The past participle *ramené* needs to be feminine, *ramenée.* (Note that *fabriqué* does not need the feminine ending! It has a direct object, but not a <u>preceding</u> direct object.)

Another example:

Où sont mes chaussures? Je **les ai mises** *dans ta chambre.* Where are my shoes? I put them in your bedroom.

Les is a direct object pronoun standing for *les chaussures* which are feminine plural, so the past participle has to agree. (Note that in this case the ending affects pronunciation: *mis* has a silent *s*, but *mise/mises* ends with a *z* sound.)

7.4 The imperfect tense

The imperfect tense is used for:

● a general description in the past, to translate 'she felt sad' or 'it was good'.

● a continuous or interrupted action in the past, to say 'I was watching TV (when…)'

● a repeated or habitual action in the past, e.g. 'I used to play netball'.

See below (1–5) for other uses.

To form the imperfect tense, take the stem, which is the *nous* form of the present tense without the -*ons*, and add the endings shown in the table below.

avoir: nous avons ⟶ **av-**
faire: nous faisons ⟶ **fais-**
finir: nous finissons ⟶ **finiss-**
attendre: nous attendons ⟶ **attend-**
Exception: *être* ⟶ **ét-**

	endings	example: faire
je	-ais	je faisais
tu	-ais	tu faisais
il/elle/on	-ait	il/elle/on faisait
nous	-ions	nous faisions
vous	-iez	vous faisiez
ils/elles	-aient	ils/elles faisaient

Further uses of the imperfect tense

1 The imperfect of *être en train de* + infinitive:

*J'**étais** en train de me lever quand on a sonné à la porte.*
I was just (in the middle of) getting up when the bell rang.

2 With *depuis*, meaning 'had been doing' (see 7.23):

*Ils **attendaient** depuis une heure quand le train est arrivé.*
They had been waiting for an hour when the train arrived.

3 The imperfect of *venir de* + infinitive to say 'had just done' (see 7.23):

*Nous **venions** d'arriver lorsqu'il a cessé de pleuvoir.*
We had just arrived when it stopped raining.

4 After *si* when the main verb is in the conditional:

*Si j'**avais** assez d'argent, je passerais mes vacances au Sénégal.*
If I had enough money, I would spend my holidays in Senegal.

5 After *si* when making a suggestion:

Si on sortait ce soir?
What if we went out this evening?

7.5 The immediate future

Use the immediate future to talk about the near future: to say something 'is going to' happen.

*Je **vais télécharger** cette chanson.*
I'm going to download this song.

It is made up of two parts: the present tense of *aller* (*je vais, tu vas, il va, nous allons, vous allez, ils vont*) + an infinitive.

7.6 The future tense

Use the future tense to make predictions and statements about the future: to say something 'will' happen.

*Qui **risquera** d'en profiter le plus?*
Who will be likely to benefit most?

*Il **finira** par remplacer l'école traditionnelle.*
It will end up replacing traditional schools.

*Les usages du réseau ne **se réduiront** pas.*
The uses of the network will not be reduced.

*Demain, on **pourra** communiquer sans Internet et je ne **devrai** pas utiliser d'équipements.*
Tomorrow, we will be able to... and I will not have to…

Most verbs have a regular future tense. The future endings are the same for all three regular groups, and are added to the stem which is the same as the infinitive (for *-re* verbs remove the final *e* first).

	endings	regarder	choisir	répondre
je	-ai	regarderai	choisirai	répondrai
tu	-as	regarderas	choisiras	répondras
il/elle/on	-a	regardera	choisira	répondra
nous	-ons	regarderons	choisirons	répondrons
vous	-ez	regarderez	choisirez	répondrez
ils/elles	-ont	regarderont	choisiront	répondront

Irregular verbs

Some key verbs have an irregular future stem, so you need to learn these, but the endings are still regular.

aller	ir-	j'irai
avoir	aur-	j'aurai
devoir	devr-	je **devrai**
envoyer	enverr-	j'enverrai
être	ser-	je serai
faire	fer-	je **ferai**
pouvoir	pourr-	je **pourrai**
savoir	saur-	je saurai
venir	viendr-	je viendrai
voir	verr-	je verrai
vouloir	voudr-	je voudrai
falloir	faudr-	(il) **faudra**

7.7 The conditional

Use the conditional (strictly speaking, a 'mood' not a 'tense') to convey 'would', 'could' or 'should', i.e. to talk about what would happen or how something would be.

*Quel message **laisseriez**-vous?*
What message **would** you **leave**?

The conditional of *devoir* with an infinitive says what someone should or ought to do:

*Vous **devriez** aller au cinéma plus souvent.*
You **should** go to the cinema more often.

The conditional of *pouvoir* with an infinitive says what someone could or might do:

*On **pourrait** tomber sur le contenu désagréable.*
You **could** find undesirable material.

To form it, start with the future tense stem (see 7.6), and add the conditional endings, which are identical to the imperfect endings (see 7.4).

	endings	regarder	choisir	répondre
je	-ais	regarderais	choisirais	répondrais
tu	-ais	regarderais	choisirais	répondrais
il/elle/on	-ait	regarderait	choisirait	répondrait
nous	-ions	regarderions	choisirions	répondrions
vous	-iez	regarderiez	choisiriez	répondriez
ils/elles	-aient	regarderaient	choisiraient	répondraient

Because the conditional uses the same stem as the future tense, the irregular stems are exactly the same as for the future – see list in 7.6.

7.8 The pluperfect tense

As in English, the pluperfect is a compound tense used to talk about what 'had happened'.

*Il a dit qu'il **avait commencé** à jouer au handball à l'école.*
He said that he **had started** to play handball at school.

*Elle a expliqué qu'elle **était arrivée** trop tard.*
She said that she **had arrived** too late.

The pluperfect is made up of two parts: the imperfect of *avoir* or *être* + a past participle. Past participles are explained in 7.3. As with the perfect tense, with *être* verbs, the past participle must agree with the subject.

avoir verbs e.g. *faire*	*être* verbs e.g. *aller*
j'avais fait	j'étais allé(e)
tu avais fait	tu étais allé(e)
il/elle avait fait	il/elle était allé(e)
nous avions fait	nous étions allé(e)s
vous aviez fait	vous étiez allé(e)(s)
ils/elles avaient fait	ils/elles étaient allé(e)s

7.9 The future perfect tense and the conditional perfect

The future perfect tells you what 'will have happened'. It is formed from the future of *avoir* or *être* and a past participle.

*Dans un mois, j'**aurai pris** poids.*
In a month's time, I **will have put on** weight.

*Je **serai allée** en France.*
I **will have gone** to France.

The conditional perfect tells you what 'would have happened'. It is formed from the conditional of *avoir* or *être* and a past participle.

*J'**aurais parlé**, si...* I **would have spoken**, if....

*À ce moment-là, je **serais rentré**.*
I **would have returned** by then.

7.10 The past historic

The past historic (*le passé simple*) is the literary equivalent of the perfect tense. It is used only in formal writing (e.g. historical writing, novels and newspaper articles). You will hardly ever need to use it yourself, but it is important to be able to recognise and understand it.

*Il **passa** son enfance en Provence.*
He **spent** his childhood in Provence.

*Il **reçut** une lettre.* He **received** a letter.

*Il **participa** aux Jeux olympiques.*
He **took part** in the Olympic Games.

All -*er* verbs (including *aller*) follow the pattern shown for *regarder* in the table. Regular -*ir* and -*re* verbs have the endings shown for *répondre*. Many irregular verbs have the endings shown for *recevoir*.

	regarder	répondre	recevoir
je	regardai	répondis	reçus
tu	regardas	répondis	reçus
il/elle/on	regarda	répondit	reçut
nous	regardâmes	répondîmes	reçûmes
vous	regardâtes	répondîtes	reçûtes
ils/elles	regardèrent	répondirent	reçurent

Note these irregular verbs:

avoir	j'eus, il eut, ils eurent
être	je fus, il fut, ils furent
faire	je fis, il fit, ils firent
voir	je vis, il vit, ils virent
venir	je vins, il vint, ils vinrent

7.11 The subjunctive mood

The subjunctive and indicative parts of the verb are known as <u>moods</u> of the verb, not tenses; they convey the speaker's attitude to the action described. It's important to be able to recognise and understand verbs in the subjunctive.

The subjunctive is nearly always used in a subordinate clause, i.e. the second part of a sentence, introduced by *que*. It is used when statements are not to be taken as pure fact, but more as a matter of judgement or attitude. It is used after:

bien que, quoique although

il faut que it is necessary that

vouloir que to want someone to do something

je ne pense pas que... I don't think that...

*Bien qu'elle **ait** perdu 15 kilos...* (from *avoir*)
Although she has lost 15 kilos...

*Bien que 6 000 nouveaux cas **soient** détectés chaque année...* (from *être*)
Although 6000 new cases are detected each year...

*Je veux qu'ils **aillent** au cinéma.* (from *aller*)
I want them to go to the cinema.

*Je ne pense pas qu'il **puisse** arriver à temps.* (*pouvoir*)
I don't think he can arrive in time.

7.12 The present subjunctive

For most regular verbs, the present subjunctive is formed from the stem – the *ils/elles* form of the present tense minus the final -*ent* – plus the endings -*e*, -*es*, -*e*, -*ions*, -*iez*, -*ent*.

Example:
finir present tense: *ils finissent*, stem *finiss*-
present subjunctive: *je finisse, tu finisses, il/elle finisse, nous finissions, vous finissiez, ils/elles finissent*

Note that the *nous* and *vous* forms are the same as the imperfect (indicative) tense.

Irregular forms worth learning:

aller	aille, ailles, aille, allions, alliez, aillent
avoir	aie, aies, ait, ayons, ayez, aient
être	sois, sois, soit, soyons, soyez, soient
faire	fasse, fasses, fasse, fassions, fassiez, fassent
falloir	il faille
pouvoir	puisse, puisses, puisse, puissions, puissiez, puissent
savoir	sache, saches, sache, sachions, sachiez, sachent
vouloir	veuille, veuilles, veuille, voulions, vouliez, veuillent

7.13 The passive voice

'Passive' expressions say what happens to someone/something who is on the receiving end of an action or event: I <u>was attacked</u>; that car <u>has been sold</u>; the building <u>had been closed</u>.

They contrast with verbs in the <u>active</u> voice, where the subject carries out the action in the verb: I <u>attacked</u> the task; they <u>have sold</u> that car; someone <u>had closed</u> the building.

Use *être* in the relevant tense (present, perfect, imperfect or future) plus a past participle (see 7.3) which must agree with the subject.

*Il **a été agressé**.* He was attacked.

*Ils **seront hypnotisés**.* They will be hypnotised.

Avoiding the passive

The passive is used less often in French than in English. It's usually better to avoid using it in French, by using instead an expression with *on* or a reflexive verb.

***On** m'a aggressé(e).* I was attacked.

***On** a vendu cette voiture-là.* That car has been sold.

*Les produits **se vendent** sur Internet.*
The products are sold on the internet.

7.14 The imperative

The imperative is used to give instructions and commands. They are positive ('do…') or negative ('don't…'). They can be informal (*tu* form) or formal (*vous* form), or a suggestion (*nous* form).

All you have to do is remove the subject pronoun from the <u>present</u> tense. With -*er* verbs, for the *tu* form, remove the final *s*.

present tense	imperative
-er verbs tu regardes nous regardons vous regardez	**Regarde** la télé. *Watch TV.* **Regardons** le film. *Let's watch the film.* **Regardez** les spots publicitaires. *Watch the ads.*
-ir verbs tu choisis nous choisissons vous choisissez	**Choisis** un produit. *Choose a product.* **Choisissons** un cadeau. *Let's choose a gift.* **Choisissez** une émission. *Choose a programme.*
-re verbs tu prends nous prenons vous prenez	**Prends** une photo. *Take a photo.* **Prenons** une glace. *Let's have an ice cream.* **Prenez** de l'argent. *Take some money.*

A few verbs have irregular imperatives and need to be learned separately.

avoir	aie, ayons, ayez
être	sois, soyons, soyez
savoir	sache, sachons, sachez
vouloir	veuille, veuillons, veuillez

The *tu* form of *aller* is *va*, except in the expression *vas-y!* (go on!) where the *s* is pronounced like a *z*.

Reflexive verbs always require the extra reflexive pronoun, placed after the verb:

se dépêcher to hurry (up) *dépêche-toi, dépêchons-nous, dépêchez-vous*

7.15 Present participles

The present participle can by used by itself, at the beginning of a sentence, to express the idea of 'because' or 'since':

***Croyant** qu'il s'était trompé de chemin, il a fait demi-tour.* Thinking that he'd taken the wrong route, he turned round.

It can also be used after the preposition ***en***:

***en respectant** des cultures*
while respecting other cultures

***en goûtant** les plats locaux* by tasting local dishes

It is formed from the *nous* form of the present tense, changing the -*ons* to -*ant*.

nous respectons ⟶ *en respectant* while/by respecting

nous apprenons ⟶ *en apprenant* while/by learning

7.16 Direct and indirect speech

Direct speech is used for the actual words being said; they often appear within speech marks.

Il a dit: « Je suis très paresseux. »
He said: 'I am very lazy.'

Indirect speech is when someone's words are reported by the speaker or someone else.

Il a dit qu'il était très paresseux.
He said that he was very lazy.

Verb tenses have to change when you use **indirect speech** – see examples on page 118.

direct speech	indirect speech
Je **suis** paresseux. *present*	Il a dit qu'il **était** paresseux. *imperfect*
Je **ferai** plus attention la prochaine fois. *future*	Il a dit qu'il **ferait** plus attention la prochaine fois. *conditional*
J'ai commencé à jouer à l'école. *perfect*	Il a dit qu'il **avait commencé** à l'école. *pluperfect*

Pronouns and possessive adjectives may also need to change, from first to third person: *je* becomes *il* or *elle*, *ma mère* becomes *sa mère*, and so on.

In text containing **direct speech**, the verb and subject are inverted after the words spoken, so *il a dit* becomes *a-t-il dit* or *a dit + nom*.

« J'ai appris à jouer à l'âge de onze ans », a dit le prof.

« J'en suis devenue accro », a-t-elle dit.

7.17 Reflexive verbs

Reflexive verbs are conjugated in the same way as other verbs, but have a reflexive pronoun between subject and verb: *me, te, se, nous, vous, se.*

*Je **m'intéresse** à communiquer.*
I'm interested in communicating.

s'intéresser *to be interested*	
je m'intéresse	nous **nous** intéressons
tu **t'**intéresses	vous **vous** intéressez
il/elle/on **s'**intéresse	ils/elles **s'**intéressent

In the perfect tense, reflexive verbs take *être* and the past participle agrees with the subject:

*On s'est bien entendu**s**/entendu**es**.*
We (masc./fem.) got on well.

The infinitive usually begins with **se** or **s'**, but when it is used in a sentence the pronoun changes to agree with the subject of the main verb:

*Je voudrais **me doucher**.* I'd like to have a shower.

In a positive command, the reflexive pronoun is attached to the end of the imperative:

*Asseyez-**vous**!* Sit down!

But in a negative command, the reflexive pronoun stays in its usual place in front of the verb:

*Ne **vous** asseyez pas!* Don't sit down!

7.18 Impersonal verb phrases

As well as *il y a* (there is/are) and *il reste* (there's... left), there are other impersonal verbs used only in the *il* form, the third person singular.

il est trois heures, il pleut, il fait mauvais – and other time and weather phrases

il faut... it is necessary to...

il vaut mieux... it's worth...

il est + adjectif (clair/important/essentiel, etc.) + de/que

They can be used in other tenses:

Il y aura *plus de familles monoparentales.*
There will be more single-parent families.

Il était évident que *le taux de nuptialité avait chuté.*
It was clear that the marriage rate had plummeted.

7.19 Infinitive constructions

You often need to use the infinitive form of a verb, particularly when it follows another verb or a preposition. The lists below give some instances.

Verbs followed by the infinitive with no preposition between

aimer	*to like to*
croire	*to believe*
devoir	*to have to*
espérer	*to hope*
faire	*to make, to do*
falloir	*to be necessary*
laisser	*to let*
oser	*to dare*
penser	*to think*
pouvoir	*to be able*
préférer	*to prefer*
savoir	*to know how to*
vouloir	*to want to*

*J'**espère finir** bientôt.* I hope to finish soon.

*On **peut faire** de la publicité en ligne.*
You can advertise on line.

Verbs followed by à + infinitive

aider à	*to help to*
apprendre à	*to learn to*
arriver à	*to manage to*
chercher à	*to try to*
commencer à	*to begin to*
continuer à	*to continue to*
encourager à	*to encourage to*
penser à	*to think of*
réussir à	*to succeed in*

*Mes parents ne m'ont jamais **encouragé à fumer**.*
My parents have never encouraged me to smoke.

Verbs followed by *de* + infinitive

accepter de	to agree to
s'arrêter de	to stop
avoir envie de	to feel like
avoir peur de	to be afraid to
cesser de	to stop
choisir de	to choose
décider de	to decide
essayer de	to try
éviter de	to avoid
finir de	to finish
oublier de	to forget
refuser de	to refuse
rêver de	to dream of
venir de	to have just

*J'ai **décidé de cesser de fumer** l'année dernière.*
I decided to stop smoking last year.

Prepositions + infinitive

au lieu de	instead of
afin de	so as to
avant de	before
par	by
pour	in order to
sans	without
sur le point de	about to

*Je regarde la pub **pour m'informer**, mais les grandes entreprises font de la publicité **afin d'augmenter** leurs profits.* I watch adverts to keep myself informed, but the big companies advertise in order to increase their profits.

7.20 *faire* + infinitive

Using *faire* and an infinitive can be translated as 'to have or get something done by someone'. Look at the difference between these examples: *Je répare la voiture.* I'm fixing the car.

Je fais réparer la voiture. I'm getting the car fixed.

Other examples:

construire to build
faire construire to have (something) built

peindre to paint
faire peindre to have (something) painted

décorer to decorate
faire décorer to have (something) decorated

7.21 Perfect infinitives

The perfect infinitive is used after *après* to convey 'after doing' or 'after having done' something. (The French structure is more like 'after to have done…'.) Use the infinitive of *avoir* or *être* + a past participle. The normal rules about past participle agreement apply.

*Après **avoir réfléchi**, je pars quand même.*
After reflecting, I'm leaving all the same.

*Après **être arrivée**, elle a défait ses valises.*
After arriving, she unpacked her cases.

*Après **avoir eu** des problèmes avec les agences, je veux voyager à ma guise.* Having had problems with travel agencies, I like to travel under my own steam.

7.22 Negatives

To say you don't do something, simply put *ne* before the verb (or in the perfect tense, before the auxiliary) and *pas* after it.

*Je **ne** fais **pas** de sport.* I don't do sport.

*Je **n'**ai **pas** fait de sport hier.*
I didn't do any sport yesterday.

*Je **ne** suis **pas** allé(e) au centre sportif.*
I didn't go to the sports centre.

Other negative expressions:

ne… plus	no more/no longer	Je ne fume plus.
ne… jamais	never	Je ne joue jamais au rugby.
ne… rien	nothing	Ils ne font rien.
ne… personne	no-one, nobody	Elle n'aime personne.
ne… que	only	Il n'en reste que deux.
ne… aucun(e)	not any	Il n'en reste aucun.
ne… nulle part	nowhere	On ne va nulle part.
ne… ni… ni…	neither… nor…	Je n'aime ni le tennis ni le cricket.

In the <u>perfect tense</u>, the negative expression goes around *avoir* or *être*, except *ne… personne/aucun/que* where it goes round both parts of the verb:

*Je **n'ai jamais** joué au handball.*
I've never played handball.

*Il **n'a vu personne**.* He did not see anyone.

*Je **n'en ai acheté que** cinq.*
I've bought only five of them.

If you want to make an <u>infinitive</u> negative, the negative expression comes before the infinitive:

*Il a décidé de **ne plus jouer** au tennis.*
He decided to not play tennis any more.

7.23 Using *depuis* and *venir de*

depuis

Depuis means 'since' or 'for (a time)' in the past. If the action is still going on, use it with the present tense:

*Je **vais** à la pêche depuis l'âge de huit ans.*
I've been going fishing since I was eight.

*Elle **apprend** le français depuis six mois.*
She's been learning French for six months.

If the action lasted for some time but is now over, use *depuis* with the imperfect tense:

*J'**attendais** le bus depuis dix minutes.*
I had been waiting for the bus for 10 minutes.

venir de

Venir de in the present tense is used to convey the idea of something that has just happened:

*Je **viens** d'arriver.* I've **just** arrived.

*Elle **vient** de me le dire.* She's just told me.

*Nous **venons** d'apprendre la nouvelle.*
We've just heard the news.

Use the imperfect tense of *venir de* to say something had just happened:

*Je **venais** de finir mon dîner, quand…*
I had just finished my dinner, when…

8 Prepositions

8.1 *à, de*

Remember that when *à* or *de* come before a definite article (*le, la, l', les*), they may need to change:

masc.	fem.	before vowel or silent h	masc. plural	fem. plural
au	à la	à l'	aux	aux
du	de la	de l'	des	des

*Je vais **au cinéma** une fois par mois.*
I go to the cinema once a month.

*J'adore aller **aux magasins** le week-end.*
I love going to the shops at the weekend.

*Le lycée se trouve en face **de l'hôtel**.*
The school is opposite the hotel.

*J'habite tout près **des magasins**.*
I live right near the shops.

8.2 Other prepositions

après	after
avant	before
avec	with
chez	at the house of
dans	in
depuis	for / since
derrière	behind
devant	in front of
en face de	opposite
en	in / by / on / to
entre	between
par	by / per
pendant	during
pour	for
près de	near
sans	without
sous	under
sur	on
vers	about / towards

Certain prepositions in French are used in the same way as their English equivalents:

*J'aime mieux partir **en** vacances **avec** mes copains.*
I prefer to go **on** holiday **with** my friends.

*Il est arrivé **à** l'aéroport **sans** passeport.*
He arrived **at** the airport **without** a passport.

However, in many cases, the choice of the correct preposition needs some thought, and a good dictionary can help here.

dans le train on the train; *sous la pluie* in the rain; *à la télévision* on the television

For holiday destinations, note the following:

- feminine countries require *en* for to/in:
  en France, en Hollande

- masculine countries take *au*:
  au Japon, au Canada

- masculine plurals take *aux*:
  aux États-Unis, aux Pays-Bas

- towns and islands take *à*:
  à Paris, à Madagascar

9 Conjunctions

Conjunctions link parts of sentences. Some common ones are listed below.

mais	*but*
au contraire	*on the contrary*
par contre	*on the other hand*
pourtant, cependant, quand même	*however*
néanmoins, tout de même	*nevertheless*
car, comme, parce que, puisque	*for, since, because*
vu que	*seeing that*
d'autant plus que	*all the more since*
dans la mesure où	*insofar as*
d'ailleurs, de plus	*besides, moreover*
donc, alors, par conséquent	*and so, therefore*
en fait, en effet	*in fact*
bien sûr	*of course*
certes	*certainly*
d'abord	*first of all*
puis, ensuite	*then*
enfin	*finally*
de toute façon, en tout cas	*in any case*

10 Interrogatives

To ask a 'yes/no' question, you can:

● use rising intonation (*Vous aimez cette musique?*)

● start with *est-ce que* (*Est-ce que vous aimez cette musique?*)

● invert pronoun and verb (*Aimez-vous cette musique?*).

To ask for other information, you need an interrogative adverb, pronoun or adjective, as listed below.

quand	*when*	Quand est-ce qu'il arrive?
où	*where*	Où es-tu allé en vacances?
comment	*how*	Comment va-t-elle voyager?
combien	*how many / how much*	Combien de pages y a-t-il?
pourquoi	*why*	Pourquoi est-ce que tu fais ça?
qui	*who*	Qui va en ville?
que	*what*	Que dit-il?
quoi	*what (after a preposition)*	Avec quoi?
quel	*which, what*	Quels fruits aimez-vous?
lequel	*which one(s)*	Lequel préférez-vous?

Asking about people: 'who?'

Qui or *Qui est-ce qui* is used to ask about the <u>subject</u> of the verb:

Qui parle? Qui est-ce qui parle? Who's speaking?

Qui or *Qui est-ce que* is used to ask about the <u>object</u> of the verb:

Qui as-tu appelé? Qui est-ce que tu as appelé? Who did you call?

Asking about things: 'what?'

Que or *Qu'est-ce qui* is used to ask about the <u>subject</u> of the verb:

Que se passe-t-il ici? Qu'est-ce qui se passe ici? What's happening here?

Que or *Qu'est-ce que* is used to ask about the <u>object</u> of the verb:

Que manges-tu? Qu'est-ce que tu manges? What are you eating?

Asking 'which?'

Quel is an adjective and must agree with the noun it qualifies: *quel, quelle, quels, quelles.*

À quelle heure...? At what time...?
Quels sports faites-vous? Which sports do you do?

Asking 'which one?'

Lequel must agree with the noun it represents: *lequel, laquelle, lesquels, lesquelles.*

Je cherche une auberge. Laquelle recommandez-vous? Which one do you recommend?

11 Verb tables

		present	perfect	imperfect	future	conditional	subjunctive
REGULAR VERBS							
-er verbs **jouer** *to play*	je/j'	joue	ai joué	jouais	jouerai	jouerais	joue
	tu	joues	as joué	jouais	joueras	jouerais	joues
	il/elle/on	joue	a joué	jouait	jouera	jouerait	joue
	nous	jouons	avons joué	jouions	jouerons	jouerions	jouions
	vous	jouez	avez joué	jouiez	jouerez	joueriez	jouiez
	ils/elles	jouent	ont joué	jouaient	joueront	joueraient	jouent
-ir verbs **finir** *to finish*	je/j'	finis	ai fini	finissais	finirai	finirais	finisse
	tu	finis	as fini	finissais	finiras	finirais	finisses
	il/elle/on	finit	a fini	finissait	finira	finirait	finisse
	nous	finissons	avons fini	finissions	finirons	finirions	finissions
	vous	finissez	avez fini	finissiez	finirez	finiriez	finissiez
	ils/elles	finissent	ont fini	finissaient	finiront	finiraient	finissent
-re verbs **vendre** *to sell*	je/j'	vends	ai vendu	vendais	vendral	vendrais	vende
	tu	vends	as vendu	vendais	vendras	vendrais	vendes
	il/elle/on	vend	a vendu	vendait	vendra	vendrait	vende
	nous	vendons	avons vendu	vendions	vendrons	vendrions	vendions
	vous	vendez	avez vendu	vendiez	vendrez	vendriez	vendiez
	ils/elles	vendent	ont vendu	vendaient	vendront	vendraient	vendent
reflexive verbs **s'amuser** *to enjoy yourself*	je	m'amuse	me suis amusé(e)	m'amusais	m'amuserai	m'amuserais	m'amuse
	tu	t'amuses	t'es amusé(e)	t'amusais	t'amuseras	t'amuserais	t'amuses
	il/elle/on	s'amuse	s'est amusé(e)(s)	s'amusait	s'amusera	s'amuserait	s'amuse
	nous	nous amusons	nous sommes amusé(e)s	nous amusions	nous amuserons	nous amuserions	nous amusions
	vous	vous amusez	vous êtes amusé(e)(s)	vous amusiez	vous amuserez	vous amuseriez	vous amusiez
	ils/elles	s'amusent	se sont amusé(e)s	s'amusaient	s'amuseront	s'amuseraient	s'amusent
IRREGULAR VERBS							
aller *to go*	je/j'	vais	suis allé(e)	allais	irai	irais	aille
	tu	vas	es allé(e)	allais	iras	irais	ailles
	il/elle/on	va	est allé(e)(s)	allait	ira	irait	aille
	nous	allons	sommes allé(e)s	allions	irons	irions	allions
	vous	allez	êtes allé(e)(s)	alliez	irez	iriez	alliez
	ils/elles	vont	sont allé(e)s	allaient	iront	iraient	aillent
avoir *to have*	je/j'	ai	ai eu	avais	aurai	aurais	aie
	tu	as	as eu	avais	auras	aurais	aies
	il/elle/on	a	a eu	avait	aura	aurait	aie
	nous	avons	avons eu	avions	aurons	aurions	ayons
	vous	avez	avez eu	aviez	aurez	auriez	ayez
	ils/elles	ont	ont eu	avaient	auront	auraient	aient
devoir *to have to / must*	je/j'	dols	ai dû	devais	devrai	devrais	doive
	tu	dois	as dû	devais	devras	devrais	doives
	il/elle/on	doit	a dû	devait	devra	devrait	doive
	nous	devons	avons dû	devions	devrons	devrions	devions
	vous	devez	avez dû	deviez	devrez	devriez	deviez
	ils/elles	doivent	ont dû	devaient	devront	devraient	doivent
dire *to say / to tell*	je/j'	dis	ai dit	disais	dirai	dirais	dise
	tu	dis	as dit	disais	diras	dirais	dises
	il/elle/on	dit	a dit	disait	dira	dirait	dise
	nous	disons	avons dit	disions	dirons	dirions	disions
	vous	dites	avez dit	disiez	direz	diriez	disiez
	ils/elles	disent	ont dit	disaient	diront	diraient	disent

		present	perfect	imperfect	future	conditional	subjunctive
être *to be*	je/j'	suis	ai été	étais	serai	serais	sois
	tu	es	as été	étais	seras	serais	sois
	il/elle/on	est	a été	était	sera	serait	soit
	nous	sommes	avons été	étions	serons	serions	soyons
	vous	êtes	avez été	étiez	serez	seriez	soyez
	ils/elles	sont	ont été	étaient	seront	seraient	soient
faire *to do / to make*	je/j'	fais	ai fait	faisais	ferai	ferais	fasse
	tu	fais	as fait	faisais	feras	ferais	fasses
	il/elle/on	fait	a fait	faisait	fera	ferait	fasse
	nous	faisons	avons fait	faisions	ferons	ferions	fassions
	vous	faites	avez fait	faisiez	ferez	feriez	fassiez
	ils/elles	font	ont fait	faisaient	feront	feraient	fassent
mettre *to put*	je/j'	mets	ai mis	mettais	mettrai	mettrais	mette
	tu	mets	as mis	mettais	mettras	mettrais	mettes
	il/elle/on	met	a mis	mettait	mettra	mettrait	mette
	nous	mettons	avons mis	mettions	mettrons	mettrions	mettions
	vous	mettez	avez mis	mettiez	mettrez	mettriez	mettiez
	ils/elles	mettent	ont mis	mettaient	mettront	mettraient	mettent
pouvoir *to be able to / can*	je/j'	peux	ai pu	pouvais	pourrai	pourrais	puisse
	tu	peux	as pu	pouvais	pourras	pourrais	puisses
	il/elle/on	peut	a pu	pouvait	pourra	pourrait	puisse
	nous	pouvons	avons pu	pouvions	pourrons	pourrions	puissions
	vous	pouvez	avez pu	pouviez	pourrez	pourriez	puissiez
	ils/elles	peuvent	ont pu	pouvaient	pourront	pourraient	puissent
prendre *to take*	je/j'	prends	ai pris	prenais	prendrai	prendrais	prenne
	tu	prends	as pris	prenais	prendras	prendrais	prennes
	il/elle/on	prend	a pris	prenait	prendra	prendrait	prenne
	nous	prenons	avons pris	prenions	prendrons	prendrions	prenions
	vous	prenez	avez pris	preniez	prendrez	prendriez	preniez
	ils/elles	prennent	ont pris	prenaient	prendront	prendraient	prennent
sortir *to go out*	je	sors	suis sorti(e)	sortais	sortirai	sortirais	sorte
	tu	sors	es sorti(e)	sortais	sortiras	sortirais	sortes
	il/elle/on	sort	est sorti(e)(s)	sortait	sortira	sortirait	sorte
	nous	sortons	sommes sorti(e)s	sortions	sortirons	sortirions	sortions
	vous	sortez	êtes sorti(e)(s)	sortiez	sortirez	sortiriez	sortiez
	ils/elles	sortent	sont sorti(e)s	sortaient	sortiront	sortiraient	sortent
venir *to come*	je	viens	suis venu(e)	venais	viendrai	viendrais	vienne
	tu	viens	es venu(e)	venais	viendras	viendrais	viennes
	il/elle/on	vient	est venu(e)(s)	venait	viendra	viendrait	vienne
	nous	venons	sommes venu(e)s	venions	viendrons	viendrions	venions
	vous	venez	êtes venu(e)(s)	veniez	viendrez	viendriez	veniez
	ils/elles	viennent	sont venu(e)s	venaient	viendront	viendraient	viennent
vouloir *to want*	je/j'	veux	ai voulu	voulais	voudrai	voudrais	veuille
	tu	veux	as voulu	voulais	voudras	voudrais	veuilles
	il/elle/on	veut	a voulu	voulait	voudra	voudrait	veuille
	nous	voulons	avons voulu	voulions	voudrons	voudrions	voulions
	vous	voulez	avez voulu	vouliez	voudrez	voudriez	vouliez
	ils/elles	veulent	ont voulu	voulaient	voudront	voudraient	veuillent

Glossaire

A

à ma guise *in my own way*

à mesure que *as*

à part *except for*

à quoi bon (+ inf.)? *what's the point in...?*

à toute heure *at any time*

accéder à *to tune in*

accorder *to grant, to give*

accro *hooked, addicted*

s' accroître (*pp.* accru) *to increase*

l' accueil (m) *welcome*

accuser quelqu'un de + inf. *to accuse someone of*

acquérir de la puissance *to acquire power*

les adeptes (mpl) *followers*

admettre *to admit, to own up*

l' âge d'or (m) *golden age*

l' agence de voyages (f) *travel agent*

d' ailleurs *moreover, besides*

ainsi que *as well as*

aliéner *to distance, to alienate*

l' ambiance (f) *atmosphere, environment*

améliorer *to improve*

l' ancre (f) *anchor*

apparaître *to appear, to surface*

l' appartenance (f) *belonging, being a member of*

apprécier *to appreciate, to like*

l' araignée (f) *spider*

arriver à + inf. *to manage to*

l' articulation (f) *joint*

l' association humanitaire (f) *charity*

assurer *to ensure, to guarantee*

atteindre (*pp.* atteint) *to reach*

l' attentat terroriste (m) *terrorist attack*

au cours de *during*

au secours! *help!*

l' augmentation (f) *increase*

augmenter *to increase*

autant que *as much as*

avoir lieu *to take place*

B

la baguette *wand*

la baisse (de la fréquentation) *reduction, drop (in number of visits)*

le baladeur *personal stereo*

la bande *gang*

une battante *a fighter*

battre *to beat*

les beaux-enfants (mpl) *stepchildren*

le bénéfice financier *financial benefit*

le bienfait *benefit*

en boîte *in nightclubs*

bondé *jam-packed*

le bonheur *happiness*

bouder *to sulk*

le bouleversement *upheaval*

brancher *to plug in, to connect to (the mains)*

briser *to shatter*

la bronzette *sunbathing*

brûler *to burn*

C

ça va fumer! *there'll be trouble! (familiar)*

le cèpe *wild mushroom*

cesser *to stop*

la chaîne (numérique) *(digital) TV channel*

le/la chanteur/euse *singer*

chapeauté *wearing a hat*

chercher à + inf. *to try to*

le chiffre *figure*

la chorale *choir*

la chute *fall*

chuter *to fall, to plummet*

la cible *target*

le ciment *cement*

cintré *belted*

la circulation *traffic*

le citadin *city dweller*

citer *to quote, to state*

le civisme *(sense of) civic duty*

se cogner *to crash / bump into*

collé *stuck*

en commun *in common*

la commune *small town*

complice *in it together*

la complicité *intimacy*

le concubinage *living together*

la concurrence *competition*

conduire à *to lead to*

la confiance *confidence*

confier à *to confide in*

confondre *to confuse*

la connaissance *acquaintance*

les conseils (mpl) *advice*

se construire *to be built*

le conte *tale*

le contenu *contents*

la contrainte *restriction, constraint*

contrarier *to upset*

la corvée *chore*

le côté positif *positive side*

couler *to flow, to run*

la couleur vive *bright / vivid colour*

couper *to cut (off)*

la crainte *fear*

crier *to shout*

la culpabilité *blame, guilt*

D

de plus en plus *more and more*

la décennie *decade*

déchaîné *wild*

décontracté *relaxed*

défavorisé *disadvantaged, less well-off*

le défilé de mode *fashion show*

se défouler *to relax, to let off steam*

dégoûtant *disgusting*

le deltaplane *hang-gliding*

le déménagement *moving house*

demeurer *to remain*

dénoncer *to expose, to blow the whistle on*

la déprime *depression*

déprimé *depressed*

se désintéresser de *to lose interest in*

le désir inconscient *unconscious desire*

se détendre *to relax*

deux heures *two hours (or two o'clock)*
dévancer *to overtake*
dévoiler *to reveal*
diffusé en direct *broadcast live*
la disponibilité *flexibility, availability*
disponible *available, free, flexible*
se disputer *to argue, to disagree*
se distraire *to entertain oneself*
la divortialité *divorce rate*
à domicile *at home*
doubler *to dub*
durer *to last*

E

éclairé *enlightened*
l' effet dévastateur (m) *harmful effect*
efficace *efficient, effective*
l' égoïsme (m) *selfishness*
élevé *1. high; 2. brought up*
l' émeute (f) *riot*
en baisse *falling, going down*
en direct *live*
en gros *roughly*
en moyenne *on average*
en tout lieu *anywhere*
encourager *to encourage*
s' énerver *to lose one's temper*
l' enfer (m) *hell*
enfiler (quelque chose) *to slip (something) on*
enrayer *to curb, to keep in check*
entre autres *among other things*
entretenir *to maintain*
environ *about*
éperdument *hopelessly*
l' épouse (f) *wife, spouse*
éprouver *to test*
l' équilibre (m) *balance*
errer *to wander*
l' esprit (m) *mind*
l' esprit tranquille *(with) peace of mind*
à l' essai *test, on trial*
étranger/ère *foreign*
être à la traîne *to be trailing behind*
être sur le point de + inf. *to be about to do something*
l' étude (f) *study, survey*
évitable *avoidable*
exiger *to demand*
exprès *intentionally, on purpose*

F

facile à dire *easy to say*
il se fait plein d'amis (*inf:* se faire) *he makes lots of friends*
faire appel (aux sentiments) *to appeal (to the emotions)*
faire carton plein *to get full marks*
faire face à *to confront, to face up to*
faire peur *to frighten*
s'il le fallait (*inf:* falloir) *if it was necessary*
fana(tique) *fan, supporter*
le fantasme *fantasy*
ferme *firm*
le feu d'artifice *fireworks*
le fichier *(computer) file*
fidèle *loyal*
la fièvre acheteuse *compulsive buying*
à la fois *at the same time*
forcément *necessarily*
former *to train*
la foule *crowd*
le fou-rire *giggles*
fournir *to supply, to grant*
le foyer *home*
la fréquentation *going to the cinema*
les fringues (fpl) *clothes*
fumer *to smoke*

G

la gifle *slap*
grâce à *thanks to*
la graisse *fat*
la grande entreprise *big company*
la grippe aviaire *bird flu*

H

la hausse *increase, rise*
à haut débit *broadband*
(le loisir) hivernal *winter (activity)*

I

impliquer *to imply*
l' incertitude (f) *uncertainty*
l' indice (m) *clue*
inoubliable *unforgettable*
s' inquiéter de *to worry about, to become anxious*
l' inquiétude (f) *worry, anxiety*
insidieux/euse *insidious, deceitful*

s' installer *to set up, to become established*
insuffisamment *insufficiently*
intenable *unbearable*
interdit *forbidden*
l' internat (m) *boarding school*
l' intoxication (f) *poisoning*
irréprochable *impeccable*
à l' issue de *at the end of*

J

le jeu de mots *pun, play on words*
joindre *to speak with (on the phone)*
la joue *cheek*

L

lancer *to launch*
le lèche-vitrines *window-shopping*
le lecteur-enregistreur de DVD *DVD player-recorder*
la licence *degree*
le lieu *place*
la location *hire*
le long métrage *full-length feature film*
la lutte *fight, struggle*
lutter *to fight*

M

mâcher ses mots *to mince one's words*
mal *badly, not very well*
malgré *despite, in spite of*
le malheur *unhappiness*
la manifestation *demonstration*
manquer *to miss, to be missing*
le maquillage *make-up*
la (grande) marque *(major) brand*
la maternelle *playschool, nursery school*
menacer de *to threaten to*
mensonger/ère *lying*
mettre en avant *to put forward, to emphasise*
de minuscules êtres (m) *tiny creatures/beings*
à la mode *in fashion*
le mode de pensée *way of thinking, philosophy*
le mode de vie *lifestyle*
moins de *less than*
la moitié *half*
le/la môme *brat, kid*

le monde entier *the whole world*
mondialisé *global(ised)*
la mouche *fly*
le moyen *means, way*
le moyen d'évasion *means of escape*
les moyens de... *the means to...*
la musculature *muscle (tone)*

N

naître *to be born*
ne......que *only*
ne......rien *nothing*
nier *to deny*
le niveau *level*
le/la nomade *wanderer, nomad*
non seulement... mais aussi... *not only... but also...*

O

l' offre télé (f) *what's offered on TV*
oser *to dare*
où en serait-on? *where would we be?*
l' outil (m) *tool*
outre *as well as, on top of*

P

le palmarès *list of successes*
la panne *breakdown*
le pari *bet*
parmi *among*
la part *share*
la part féminine *feminine side*
partager *to share*
parvenir *to achieve*
passer *to spend (time)*
se passer de *to do without*
passer un examen *to sit / take an exam*
penser à *to think of/about*
le pensionnat *boarding school*
la pente *slope*
percer *to break through*
la persuasion *belief, conviction*
la perte *loss*
le petit écran *TV (= the small screen)*
la pilule *pill, the (contraceptive) pill*
le/la pion(ne) *school supervisor*
la plaine *land, plain*
la planche à voile *wind-surfing*
plebiscité *popular, picked in a survey*
plus de *more than*

plus dépensier *bigger spender*
de plus en plus *more and more*
plusieurs *several*
le portail *portal, gates*
se portent bien/mal *are faring well/ badly*
le pote *friend*
les poumons (mpl) *lungs*
pousser qqn à + inf. *to push someone into doing something*
le pouvoir d'achat *buying power, disposable income*
prendre du poids *to put on weight*
prendre soin de *to take care of*
la pression *pressure*
la prestation scénique *performance on stage*
prêt(e) à m'épauler *ready to support me*
prétendre *to claim*
se priver (de quelque chose) *to do without, to deprive oneself (of something)*
profiter de *to benefit from*
le promoteur immobilier *property developer*
la provenance *source, where something comes from*
provoquer *to cause*
le pseudonyme *assumed name*
le publicitaire *advertiser*
la puissance *power*
pulmonaire *respiratory*

Q

quant à *as for*
quelqu'un de (sympa) *someone who is (nice)*
quotidien(ne) *daily*

R

le rajeunissement *signs of getting younger*
le réalisateur *film director*
recensé *surveyed*
la reconnaissance *recognition*
reconnaître *to acknowledge, to recognise*
se reconnaître *to recognise oneself*
le refrain *chorus*
réglementé *regulated*
rejeter *to reject*
se remettre *to get better*
se remettre en question *to have a rethink*

rempli *full*
rendre plus endurant à l'effort *to increase stamina*
répandre *to spread, to broadcast*
répandu *widespread*
la répartition *distribution, sharing*
répéter *to rehearse*
résoudre *to solve*
la retraite *retirement, pension*
réussir *to succeed*
rien de plus sûr *nothing is more certain*
rien ne vaut *there's nothing like*
rien que pour (+ inf.) *simply to*
risquer de + inf. *to have a chance of*
le roi *king*
rompre avec *to break off (a relationship/friendship)*
la rupture *break-up*

S

une salle *(cinema) screen*
sans eux/elles *without them*
sauver *to save*
séduire *to seduce*
selon *according to*
le sens de l'humour *sense of humour*
sensible *sensitive*
sentir: je me sens bien *to feel: I feel good*
le SIDA *Aids*
soi-disant *so-called*
une soirée ultra "select" *a really select evening*
soit *in other words*
solliciter *to tempt*
le sommeil *sleep*
le souci *worry, concern*
souhaiter la bienvenue *to welcome*
se soûler *to get drunk*
la souplesse *suppleness*
le sourire *smile*
soutenu *sustained, consistent*
le spectateur *viewer*
la spéléologie *pot-holing, caving*
le spot (publicitaire) *advert, commercial*
le stage *course (training)*
la strophe *verse*
suffire *to be enough*
le suffrage *vote*

suivre *to follow*

supporter *to endure, to bear*

supprimer *to abolish, to do without*

sûr *safe, secure*

le surcroît *surfeit, excess (in numbers)*

le surendettement *excessive debt*

surnommer *to nickname*

le/la surveillant(e) *school supervisor*

T

le tabagisme (passif) *(passive) smoking*

la tâche au foyer *household chore*

tandis que *whereas*

tardivement *belatedly*

le taux de fréquentation *rate of visits*

le taux de masse grasse *body fat index*

le taux de natalité *birth rate*

le taux de nuptialité *marriage rate (per year)*

le téléchargement *downloading*

télécharger *to download*

la télécommande *remote control*

tenir à quelqu'un *to be very close to someone*

tenir au courant *to keep informed*

la tenue *costume*

la terminale *equivalent of year 13, at lycée*

un tiers *one third*

tiré au sort *picked at random*

tomber amoureux de *to fall in love with*

la tonicité *tone*

tourner au vinaigre *to turn sour*

trahir *to betray*

la trahison *betrayal*

tranquillement *comfortably, without worrying*

la tribu *tribe*

le trouble alimentaire *eating disorder*

tuer *to kill*

U

la Une *the front page (of newspapers)*

user *to wear down*

utiliser *to use*

V

(la maladie de) la vache folle *mad cow (disease)*

vaincre *to overcome*

la variété française *French pop music*

la vérité *truth*

la vie quotidienne *daily life*

la vie saine *healthy lifestyle*

virer au cauchemar *to turn into a nightmare*

la virtualité *virtual reality*

viser *to target, to be aimed at*

la voie de communication *channel of communication*

la voie sans issue *no through road, dead end*

se voir *to see each other*

voire *indeed*

la voix *voice*

la volaille *poultry*

la volonté *will, desire*

Y

y (reste) *(stay/sit) there*

Z

la zapette *remote control*

à la zapette *channel-hopping*

WITHDRAWN FROM HAVERING COLLEGES
SIXTH FORM LIBRARY

Acknowledgements

The authors and publisher would like to thank the following people, without whose support they could not have created this book:
Jenny Gwynne for editing the materials
Stephen Jones and Annie Royle who acted as reviewers

The authors and publisher would also like to thank the following for permission to reproduce material:
p9, TPS Calendrier 2007 (Télévision par Satellite); p10, www.linternaute.com/television; p17, Syndicat National de la Publicité Télévisée, www.snptv.org/snptv/presentation; p26, 28, 36, 41, 99, D'après G. Mermet, Francoscopie 2007 © Larousse 2006; p29, reproduced from "Collins English French Electronic Dictionary" with the permission of HarperCollins Publishers Ltd. © HarperCollins Publishers Ltd 2005; p89, André MALRAUX, L'Espoir, (C) Editions GALLIMARD

Front cover photograph courtesy of Getty/ Photodisc

Photographs:
p6 Getty Images; p9 Gabriel Moisa – Fotolia.com, iStockphoto.com/Anna Pustovaya; p10 iStockphoto.com/Lise Gagne, hutale – Fotolia.com; p11 courtesy of NordPro Sweden KB/Guillaume L'Hote, iStockphoto.com; p12 Phil Date. Image from BigStockPhoto.com, iStockphoto.com/Quavondo Nguyen, iStockphoto.com/Andrew Kendall, iStockphoto.com/Leslie Banks, iStockphoto.com/Reuben Schulz, iStockphoto.com/Anna Chelnokova; p13 iStockphoto.com/Aldo Murillo; p14 iStockphoto.com/Chris Schmidt; p15 Robert Fried/Alamy; p17 Peter Titmuss/Alamy; p19 iStockphoto.com/Ryan Christensen, iStockphoto.com/Dan Brandenburg, iStockphoto.com/DaydreamsGirl; p21 iStockphoto.com/Quavondo Nguyen, Vittel image courtesy of Nestlé Ltd, Galderma image courtesy of Galderma (UK) Ltd; p23 RubberBall/Alamy; p24 Peter Titmuss/Alamy; p25 iStockphoto.com/Amanda Rohde, Bettmann/CORBIS; p28 Altavista, iStockphoto.com/Raphael Daniaud, iStockphoto.com/Leslie Banks; p30 iStockphoto.com/mabe123, iStockphoto.com/Skip Odonnell, iStockphoto.com/saluha, iStockphoto.com/Carmen Martínez Banús, iStockphoto.com/Alexander Raths, iStockphoto.com/Paul Kline, iStockphoto.com/BlaneyPhoto; p32 iStockphoto.com/Amanda Rohde; p33 AFP/Getty Images, 2008 YouTube, LLC; p34 Universal/Working Title/The Kobal Collection, Walt Disney/The Kobal Collection/Vaughan, Stephen, Marvel/Sony Pictures/The Kobal Collection, iStockphoto.com/BlaneyPhoto, iStockphoto.com/Nicholas Monu, iStockphoto.com/Dieter Spears; p36 Directphoto.org/Alamy, Stockbyte/Alamy; p37 Europa Corp./Canal+/MGM/The Kobal Collection; p38 iStockphoto.com/Izabela Habur, iStockphoto.com/Stock_IMG, iStockphoto.com/Lise Gagne, eMC Design; p39 iStockphoto.com/Quavondo Nguyen, 20th Century–Fox/The Kobal Collection; p40 AFP/Getty Images; p41 AFP/Getty Images, D Hurst/Alamy, iStockphoto.com/Emre Ogan, Jostein Hauge. Image from BigStockPhoto.com, iStockphoto.com/Luca di Filippo; p42 Stephane Cardinale/People Avenue/Corbis; p43 S Hammid/zefa/Corbis, Andres Rodriguez. Image from BigStockPhoto.com, iStockphoto.com/Lise Gagne; p44 Eric Dufresne/Alamy, 2004 Getty Images; p45 iStockphoto.com/Jacob Wackerhausen; p46 iStockphoto.com/Aldo Murillo; p47 Reproduced with kind permission of Francofolies of La Rochelle (-Francofolies.fr). All rights reserved; p48 AFP/Getty Images; p49 iStockphoto.com/Vasiliki Varvaki, Ivonne Wierink. Image from BigStockPhoto.com, iStockphoto.com/zlobina; p50 iStockphoto.com/Sharon Dominick, 2008 Jupiterimages Corporation; p51

iStockphoto.com/21TORR archives GmbH, iStockphoto.com/geotrac, iStockphoto.com/Jay M Schulz Photography, Franz Pfluegl. Image from BigStockPhoto.com; p52 Guillaume Horcajuelo/epa/Corbis; p53 iStockphoto.com/Justin Horrocks; p54 2007 WireImage, 2007 Getty Images; p55 Photos 12/Alamy, Rune Hellestad/Corbis; p56 iStockphoto.com/Vasiliki Varvaki; p57 NRT-Sports/Alamy, Paul Mounce/Corbis; p58 iStockphoto.com/Gavin MacVicar, iStockphoto.com/Stock Photo NYC, iStockphoto.com/Izabela Habur, iStockphoto.com/Kyle Nelson, iStockphoto.com/Sean Locke, iStockphoto.com/Cameron Pashak; p59 iStockphoto.com/Anthony Brown; p60 iStockphoto.com/TriggerPhoto; p61 Pascal Rossignol/Reuters/Corbis; p62 iStockphoto.com/Michael Braun, iStockphoto.com/Mark Jensen; p63 iStockphoto.com/RichVintage; p64 NRT-Sports/Alamy; p65 Nikolay Suslov; p66 iStockphoto.com/Alexander Babich, iofoto - Fotolia.com, iStockphoto.com/Tracy Whiteside, iStockphoto.com/Izabela Habur, iStockphoto.com/Kati Neudert; p67 iStockphoto.com/RichVintage, iStockphoto.com/Sherwin McGehee, iStockphoto.com/Igor Burchenkov; p68 Julián Rovagnati. Image from BigStockPhoto.com, iStockphoto.com/Marie-france Bélanger, Pei Lin Shang. Image from BigStockPhoto.com; p70 2008 123RF Limited; p71 iStockphoto.com/David Olah; p72 Nikolay Suslov; p73 Visions of America, LLC/Alamy; p74 iStockphoto.com/Nick Byrne, iStockphoto.com/Robert Van Beets; p75 iStockphoto.com/RichVintage, iStockphoto.com/Justin Horrocks, Andres Rodriguez. Image from BigStockPhoto.com, iStockphoto.com/Leigh Schindler, iStockphoto.com/Daniel Rodriguez, iStockphoto.com/Nicole S. Young; p76 Robin Weaver/Alamy, iStockphoto.com/Christian Wheatley; p77 mediacolor's/Alamy; p78 iStockphoto.com/Lise Gagne, iStockphoto.com/Carme Balcells, iStockphoto.com/Robert Dodge, iStockphoto.com/Roman Goncharov, iStockphoto.com/Rich Legg, Transpression. Image from BigStockPhoto.com; p79 iStockphoto.com/Phil Berry; p80 Visions of America, LLC/Alamy; p81 David R. Frazier Photolibrary, Inc./Alamy, Courtesy of la Mairie d'Avignon; p82 iStockphoto.com/Andreas Reh, iStockphoto.com/Maartje van Caspel, iStockphoto.com/Reuben Schulz, 2008 Jupiterimages Corporation; p83 iStockphoto.com/Pamela Moore, iStockphoto.com/Chris Schmidt; p84 Simone van den Berg – Fotolia.com, iStockphoto.com/Wendell Franks, Jaimie Duplass. Image from BigStockPhoto.com, iStockphoto.com/Jaroslaw Wojcik; p85 iStockphoto.com/David Lewis, Johnny Greig people/Alamy; p87 iStockphoto.com/Jaap Hart; p88 David R. Frazier Photolibrary, Inc./Alamy; p89 iStockphoto.com/Abimelec Olan, Bettmann/Corbis, Chris Hellier/Corbis; p90 iStockphoto.com/Dan Eckert, iStockphoto.com/Dennis Owusu-Ansah, iStockphoto.com/James Pauls, iStockphoto.com/Juan Monino; p91 iStockphoto.com/Quavondo Nguyen; p92 Edyta Pawlowska. Image from BigStockPhoto.com; p93 iStockphoto.com/Maciej Laska; p95 iStockphoto.com/Alex Nikada; p96 iStockphoto.com/Abimelec Olan; p97 Kati Neudert. Image from BigStockPhoto.com, 2008 Jupiterimages Corporation, iStockphoto.com/Peter Finnie, Lisa F. Young. Image from BigStockPhoto.com; p98 moodboard/Corbis; p99 iStockphoto.com/Shelly Perry; p101 iStockphoto.com/Lisa F. Young, Miodrag Gajic. Image from BigStockPhoto.com, iStockphoto.com/Jose Antonio Nicoli Andonie, iStockphoto.com/Amanda Rohde; p102 iStockphoto.com/Andreas Reh, iStockphoto.com/Rasmus Rasmussen; p104 Kati Neudert. Image from BigStockPhoto.com, 2008 Jupiterimages Corporation, iStockphoto.com/Peter Finnie, Lisa F. Young. Image from BigStockPhoto.com

Havering Sixth Form College Library

6520742

WITHDRAWN FROM HAVERING COLLEGES
SIXTH FORM LIBRARY